学校と図書館でまなぶ
インターネット活用法

ウェブ情報の使い方と情報リテラシーの向上
教員と司書教諭のためのガイド

ジェームス・E.ヘリング 著

須永和之 訳

日本図書館協会

Improving Students' Web Use and Information Literacy
A Guide for Teachers and Teacher Librarians

by James E. Herring

ⓒ James E. Herring 2010
This book was originally published in English
by Facet Publishing, London WC1E 7AE, UK

Japanese translation rights arranged with
Facet Publishing, London
through Tuttle-Mori Agency, Inc., Tokyo

学校と図書館でまなぶインターネット活用法：ウェブ情報の使い方と情報リテラシーの向上 教員と司書教諭のためのガイド ／ ジェームス・E. ヘリング著 ； 須永和之訳． ― 東京 ： 日本図書館協会, 2016. ― 159p ； 21cm. ― Improving Students' Web Use and Information Literacy: A Guide for Teachers and Teacher Librarians の 翻 訳． ― ISBN978-4-8204-1514-5

t1. ガッコウ ト トショカン デ マナブ インターネット カツヨウホウ a1. ヘリング, ジェームス・E. (Herring, James E.) a2. スナガ, カズユキ s1. 情報利用法 ① 375.1

目次

　　謝辞　*6*
　　はじめに　*7*
　　　この本の目的　*7*
　　　この本の内容　*8*
　　　この本を読んでもらいたい読者　*9*

第1章　今日の学校における学習と教育の全体像　*10*
　　はじめに　*10*
　　学校の教育の目的　*11*
　　学習に関する理論　*13*
　　学校での教育　*15*
　　ウェブ情報の導入　*20*
　　教員と司書教諭の協働　*23*
　　第1章のまとめ　*23*

第2章　インターネットで情報を発見して活用する　*25*
　　はじめに　*25*
　　検索エンジン　*26*
　　効果的な検索　*38*
　　効果的な検索のための実務研修　*42*
　　第2章のまとめ　*44*

第3章　ウェブサイトを評価する　*45*
　　はじめに　*45*

ウェブサイトの評価基準　　46
　　第3章のまとめ　　55

第4章　Web2.0と学校教育　　58
　　はじめに　　58
　　Web2.0とは何か　　59
　　第4章のまとめ　　70

第5章　情報活用能力　　72
　　はじめに　　72
　　情報活用能力の定義　　73
　　情報活用能力のモデル　　74
　　情報活用能力と転用　　82
　　教員と司書教諭の協働　　83
　　情報活用能力についての実務研修　　84
　　第5章のまとめ　　86

第6章　生徒のウェブ情報の使い方を上達させる　　88
　　はじめに　　88
　　ウェブ検索の計画の立て方　　89
　　効果的な検索の手順の用い方　　92
　　ウェブサイトとウェブ上の情報の評価　　94
　　情報を読むこと　　97
　　ウェブ情報の活用についての考察　　98
　　ウェブ情報活用のために一人ひとりの学習モデルを向上させるには　　99
　　第6章のまとめ　　101

第7章　生徒たちが使う学習用ウェブサイトの作成：設計とソフトウェア　*103*

はじめに　*103*
学習用ウェブサイト　*104*
ウェブサイトの設計　*105*
ウェブサイトの機能向上のためのソフトウェア　*110*
ウェブサイトの設計についての実務研修　*119*
第7章のまとめ　*120*

第8章　生徒たちが使う学習用ウェブサイトの作成：内容(コンテンツ)　*122*

はじめに　*122*
教科の内容(コンテンツ)　*123*
学習用ウェブサイトとしての電子版パスファインダーの開発　*125*
第8章のまとめ　*140*

第9章　学校における次世代のICT　*141*

はじめに　*141*
21世紀の能力(スキルズ)　*142*
ウェブ技術の将来の進展　*142*
学習活動の将来の技術　*144*
教員と司書教諭の将来の役割　*145*
情報活用能力を持った生徒の育成　*146*
第9章のまとめ　*147*

参考文献　*149*
訳者あとがき　*155*
索引　*157*

謝辞

　この本のために資料を提供してくれた人々に謝意を述べたい。紙面の都合で資料のすべてを掲載できなかった。とりわけ，惜しみなく助言と事例を提供してくれた次の人々に感謝している。アン・マリー・ターター，ステファニー・ブッシュ，アン・ロビンソン，キャロリン・ファルジャ，ライレン・ニーヴィル，マーガレット・リンカーン，マリー・スリム，リー・フィッツジェラルド，キャロル・クルソー，イアン・マクリーン，サラ・エリオット，ポール・ポタカ，ランディ・シュミット，ギニー・コウラルスキー，アンドリュー・ドチャー，キャシー・シュロック，ライアン・フロード，コーリーン・フォレイ，トム・ドリスコル，ピーター・パパス，ベンテ・ペダーソン，チェリ・ホリナ，ジェイン・コイル，ジュリー・フェローネ。

　ファセット社のヘレン・キャリー，リン・フランクリン，キャスリン・ビークロフトには本当に世話になった。

はじめに

この本の目的

　インターネットのウェブ情報の増大によって学校の生徒たちと教職員が学校，職場，社会活動の場で効果的な情報活用をますます必要としていることは，情報リテラシーとウェブ情報の活用が今日の教育と社会において重視されていることを意味する。教員と司書教諭（学校図書館職員や学校図書館メディア・スペシャリストも含む）がウェブ情報を効果的に活用する能力に関して，多くの研究では学校の教職員からアドバイス，ガイダンス，実務研修を求める声が上がっている。同時に，生徒たちの情報活用能力（ウェブ情報の効果的な活用も含む）に関する研究では，生徒たちはウェブ情報を効果的に使えず，すべての教科でウェブ情報の使い方を教えられていないことが明らかになった。この本の第1の目的は，学校の学習活動と教育活動をよりよくするために適切な理論に基づいて教職員と生徒たちのウェブ情報の活用の向上を目指す実践的なガイドを示すことである。つまり，学校の教職員と生徒たちを単なるウェブ情報の利用者からウェブ情報を批判的に学ぶ学習者へと変えてゆくことが目的である。

　この本の第2の目的は，教員と司書教諭，学校管理職に対して情報活用能力が教育課程において重点課題になることを説得するための視点と情報活用能力の概要の提示である。ますます生徒たちは自律した学習者になることを期待されている。自律した学習者とは，学習のテーマを広げて課題をやり遂げるために，ウェブ上のさまざまな情報を使いこなす者である。生徒たちがウェブ情報に対して注意を払い，批判的にとらえて，考察できるようになるには，一連の情報活用能力を教える必要があり，それによって生徒たちは効果的なウェブ情報の利用者となる能力を身につけてゆく。

　この本の第3の目的は，新人とベテランの教職員への情報提供である。新

人の教員と司書教諭（学校図書館に関わる資格取得を目指す者も含む）に対して，学習の幅を広げたり，生徒たちにウェブ情報の使い方を教えたりする目的達成のために使える教材の提供を意図している。この本では新人の教員と司書教諭が教育活動で利活用できる実践例を紹介している。一方，経験豊富なベテランの教員と司書教諭に対しては，これまでの教育活動をよりよくするために学習と教育に関する最新情報を提供することも目的にしている。情報活用能力とウェブ情報，Web2.0のソフトウェアの活用に関して知識を広げられるようなアイデアと実践例を示す。すべての教員と司書教諭は生徒たちのウェブ情報の使い方をよりよくするアイデア，実践例，方法を取り入れられるようになる。

この本の内容

この本の前半は教員と司書教諭の知識と技能，能力の向上を目指している。第1章では，第2章以降で説明することと関連する，学校における学習と教育について解説を加えて，教員と司書教諭に今日の教育の根本的問題——ウェブ情報の使い方もその一つである——について関心を深めてもらう。第2章では教員と司書教諭（他の教職員も含む）がウェブ情報を効果的に使う方法，特にウェブ情報を効果的に探索できる方法を探る。学校の教職員がウェブ情報の使い方に熟達していなければ，生徒たちのウェブ情報の使い方をよりよくできるわけがない。第3章ではウェブサイトの評価について注目するが，インターネット教材の潜在的な有益性が爆発的に増大しつづけるとしたら，ウェブサイトの評価は教員と司書教諭にとってますます重要になる。第4章ではWeb2.0のさまざまな性質を検証して，学校ではこの新しいメディアをどのように活用できるのか，世界各国のWeb2.0の活用事例を紹介する。第5章では学校における情報活用能力の理論と実践を検証する。ここでは教員と司書教諭に情報活用能力のモデルと理論を示して，自分の学校で情報活用教育を採用し，あるいは適応できる実践例も示す。

この本の後半は生徒たちが情報活用教育の技能や能力，さらにはウェブ情

報の活用について考察できる利用者になることに注目する。第6章では生徒たちのウェブの使い方を向上させて，教員と司書教諭が事例を教育の実践に取り入れてゆく挑戦を見る。第7章では教師と司書教諭がウェブサイトによる学習の向上を探り，学校で生徒たちのグループ学習に適した学習用ウェブ情報資源の作成の重要性を強調したい。この第7章では教師と司書教諭が協働して使う一連のソフトウェアを検証する。第8章では学習用のウェブサイトの内容（コンテンツ），特に生徒たちの一連の要求に応え，学習用教材を学校で学ぶ課題に結びつける学習用ウェブサイトに統合するパスファインダーの使用に注目する。最後に，第9章では将来のウェブ情報の進展と教員と司書教諭の将来像を検証するとともに，学校での情報通信技術（ICT）の新たな局面を描く。

この本を読んでもらいたい読者

この本の主な読者層は多くの国々の事例から学ぼうとする世界各国の教員と司書教諭であるが，学校の管理職もこの本を読むことで，情報活用能力の重要性についての視点をもち，学校の学習課程で情報活用能力が適切に教えられる必要性を確信するであろう。学校の情報管理担当者にはWeb2.0のソフトウェアについての教職員研修の実践的入門書として使える。もう一つの使い方として学校での重要な情報源として考えてほしいし，教員と司書教諭がともに学び，協働で学校の生徒たちの学習用教材を発展させるにはどうしたらよいかを強調している。この本は（司書教諭を志望する）大学生たちがアイデアや事例を活用して将来の実践に向けてしっかりした基礎を固めるために，教職課程，司書教諭課程，情報通信技術の活用の科目の参考書となることを期待している。

第1章

今日の学校における学習と教育の全体像

この章を読むと，
- 教育の目的の考え方が変わる
- 学校における学習の最近の研究について考えられる
- ウェブ情報を使った学習に関する知識と情報活用能力を結びつけられる
- 学校における教育に関する一連の最近の考えを検証できる
- 授業の中に情報通信技術 ICT を導入するところが明らかになる
- 教員と司書教諭の協働について考えられる

はじめに

　世界中の教員と司書教諭は，中央政府と地方行政機関から次から次へと示される施策に直面している。また，彼らはこうした施策と学校での情報通信技術 ICT を結びつけるようにと促されている。したがって教員と司書教諭は最近の状況と新しい技術に関する施策に追いつくのに必死になり，教育の重点目標と学校の教育方針を見失いかねない。現在，学校での情報通信技術の活用は学習のために必要不可欠と考えられている。教員と司書教諭は電子黒板のような情報通信技術の機器を使うことになるが，事務職員は情報通信技術の機器にかかる費用が心配になる。情報機器は高価であり，その費用に見合った効果が得られなければならない。授業に情報通信技術の機器を活用しようと考えている教員と司書教諭にとって精神的な負担になっているが，こうした情報通信技術の機器を使うことは電子黒板の使用がラップトップ・コンピュータとプロジェクタを使ってきたことの追体験にすぎないことを考えれば，本質的な問題ではない。それだからこそ，学校の教育方針に沿って情報通信技術の機器を使って学習活動と教育活動を推進する方法を強調する

必要がある。

ウェブ情報の活用と情報活用能力は一人ひとりの生徒の学習活動の一部分であり，学校では生徒たちの学習の促進のために情報活用能力をどのように使うかに関心が向けられている。この点ではデジタル教材から学ぶことは教育上の要因であるが，生徒たちがウェブ情報を頻繁に使うことを意味していない。教員と司書教諭が，どのように生徒たちが効果的に学ぶのかを考え，生徒たちの学習内容とともに，自分たちの教育についても考えるようになれば，学校全体の方針，すなわち生徒たちへの教育に大きく貢献することになる。

この章では21世紀の学校における目的について少し触れよう。学習活動，学習スタイル，情報通信技術と学習に関する最新理論，学校における教育の理論と取り組みについて，教育のスタイルと情報通信技術を導入した教育も含めての検証について考えてみたい。

学校の教育の目的

多くの国では子どもたちの教育は社会の中で重視されている。通常，教育は学校で行われているが，制度を外れた教育は社会全体で行われている。教育と学校の目的を検証することは教員と司書教諭に学校における彼らの役割の全体像を示すことになり，彼らが学校で行うことの状況も示すことになる。ライアン（Ryan）とクーパー（Cooper）は，教育の目的には幅広い視点が存在すると論じ，教育を「自分自身と取り巻く世界を深い理解し，それを統制する力を獲得する人間の成長過程」（2010. 30）と定義している。彼らは広い意味の教育と学校教育を比較して，教育とは就学期の前と後に起こる何らかの出来事とも論じている。教育の目的とは人間関係をよりよいものにして，身の回りの社会について理解を深め，学校教育でも社会教育でも生涯学習に関わることと考えられる。

学校の目的は，次の3つの理由から教育の目的よりも意味が狭いと考えられる。第1に学校は限られた期間に生徒たちと関わるのに対して，広い意味

の教育は人間の人生全体に関わる。第2に学校は通常5〜18歳までの肉体的にも知能的にも成長の著しい生徒たちと関わる。第3に一部の地域の経済状態によって学校に通えない子どもたちがいるが，すべての国で義務教育が行われている。就学期を終えると自発的な意思によるが，学校教育制度とは別の形で社会教育が多くの人に生涯にわたって施されている。

では，学校の目的とは何か。ライアンとクーパーは4つの目的を明らかにしている。

◆「知的な目的」—学術的な挑戦的課題に取り組む生徒たちを育成すること
◆「政治的で市民としての役割としての目的」—学校を卒業して市民として活動するときに社会に対して関心をもとうとする生徒たちを育成すること
◆「経済的目的」—社会全体の富を増産する将来の労働力として生徒たちを成長させること
◆「社会的目的」—自分以外の人の意見やよい行動に対する尊重し，考えを共有するという協力，他の人の幸福を優先して考えるなどの社会の慣習を受け入れるように生徒たちを成長させること（2010, 38-42）

スペンス（Spence）は「（学校の目的とは）生徒たちが身体的，社会的，情緒的，学術的，文化的に必要とすること」（2009, 55）と語っている。教員と司書教諭が生徒たちの情報活用能力を効果的に発揮できるように成長させようとしている状況では，情報活用能力を教えることで生徒たちの学術的な研究を向上させ，市民として行動を取るための知識を広げ，効果的な情報活用の実践の重要性を認識できる作業の場を準備し，ウェブサイトを共有してソーシャル・ネットワークの規約を守ることで，社会的な規範を身につけさせることは当然である。ウェブ情報の活用も含む情報活用能力を学校全体の目的に沿うかを明らかにするには，教員と司書教諭に生徒たちの情報活用能

力が学校や自宅で行うすべての課題に応用できるなどの大きな目的を気づかせることである。

学習に関する理論

学校における学習活動には膨大な文献資料があり，学習に関しては多くの定義がある。プリチャード（Pritchard）は次のような学習の定義を示している。

- ◆経験と実践によって行動が変化すること
- ◆勉学を通して獲得された知識
- ◆勉学，教育，指導，経験を通して知識や技能を身につけること
- ◆さまざまな情報源から得られる経験に基づいて理解を論理的に深めてゆく個別の過程（2009, 2）

学習について確実な定義はなく，重要なのは学習とは複雑な概念と実践であると認識することである。それでも生徒たちに効果的な学習をさせることを学校教育の重要な目的と考える教員と司書教諭にとって，学習とは何か，教室や学校図書館での学習活動を最大限に実践するにはどうしたらよいかを考えることは大切である。

行動主義の理論

学習に関する理論は大きく分ければ行動主義と構成主義になる。ジェームズ（James）は「行動主義者は大部分が行動に関心があり，頭脳の中で何が起こっているかには関心がない」（2007, 17）と述べていて，行動主義では生徒たちに報酬を与えることに重点が置かれて，複雑な考えと技能を細部にわたって分析するので，生徒たちは暗記学習を通して基礎的な技能に集中させられる。行動主義者は生徒たちを教員からの知識の受け手と見なし，生徒たちが学ぶことができる知識を，生徒たちが外部から近づくものであり，思考の内部に組み立てるものとは考えてはいない。こうした学習活動への理論で

は，刺激がしっかり学習したときには報酬を与えるように肯定的に働くか，学習を怠ったときには報酬を与えるのを控えたり懲罰を与えたりするように否定的に働くかに基づいている。

　学校での行動主義の理論としては生徒たちに掛け算の九九を学んだり，数学の公式を暗記させたりする場合が挙げられる。情報活用教育の例にとれば，デューイの十進分類法を暗記させたり，情報活用能力の学習モデルの説明文を書き取らせたりすることである。こうした意図的な方法は生徒たちの学習の補助になるが，こうした方法で生徒たちが意欲的に学ぶはずがない。生徒のウェブ情報の活用についても同様である。行動主義の考えによって技術的な方法でウェブ情報の活用方法（ウェブ情報にアクセスするときに規則のリストを配布する場合など）を学ぶかもしれないが，こんな方法で教えても生徒たちはウェブ情報を効果的に活用するとは思えない。一般的に考えて教育における行動主義の理論は今日では時代遅れと見なされる。

構成主義の理論

　学習に関する理論には構成主義の考え方が多く受け入れられているが，社会学的な構成主義では学習する者は教員から知識を受け渡される単なる容器ではなく，知識を意識的に組み立ててゆく者と見なされる。ここに行動主義と構成主義の大きな相違がある。プリチャードは「構成主義の理論では学習者は能動的であり，受動的ではない」（2009, 29）と論じる。構成主義の学習に対する考えの要点は次のとおりである。

- ◆事前の学習は生徒たちがすでに知っていることから新しい知識を組み立ててゆくのに重要な要因となる
- ◆生徒たちが（指導されるにしても）知識の領域に関連づけを行い，それについて考えを深めていく
- ◆生徒たちがどのように学ぶかという影響の点で生徒たちの学習の社会的な状況を重視している

◆学習はとても個人的なことであり，学習を効果的に行う生徒たちはやがて自分自身の学習について深く考えるようになる

　私たち教職員がウェブ情報の活用を含めた情報活用能力を十分に身につけた利用者になるように生徒たちを指導したいならば，教員と司書教諭は社会学に基づく構成主義の理論を採用することである。生徒たちは事前の学習に基づいて知識を組み立ててゆくと考えれば，このことが生徒たちに情報活用能力を使う指導方法に影響を及ぼす。生徒たちに著者が考案した PLUS モデル（目的，情報の所在と探索，情報の利活用，自己評価）（Herring, 2004）のような情報活用能力について深く考えさせると，生徒たち一人ひとりの学習モデルとは何かを考える。

　学習理論は，学校における情報活用能力の発達という観点からすれば，抽象的な概念ではなく，教員と司書教諭が生徒たちに効果的に学ぶ機会を多く与えるための基礎理論と考えられる。

学校での教育

　これまで論じてきたように，学校での目的の重要な点の一つに学校教育の全体的な質の問題がある。生徒たちを効率的に学習する者に変える必要があるなら，同時に教員と司書教諭は効率的に教育する者でなければならない。このことは，多くの学校に有資格者の司書教諭を配置している北米やオーストラリアなどの国々にとどまらず，多くの場合において教員資格のない学校図書館職員を配置している英国やニュージーランドなどの国々にも当てはまる。次の節以下では教育の側面，とりわけ情報活用能力を教える側面から教員と司書教諭の考えを刷新することを追求しよう。

優れた教員の条件とは

　キャペルとリースク（Capel and Leask, 2005）はすべての教員に当てはまる基本的な側面があると述べているが，それぞれの教員には個別の方法をもって

いることがあるとも述べている。教員たちから尋ねられる質問とは,「どうしたらよい教員になれるのか？」である。彼らは「よい教員とは何よりも生徒たちが確実に学ぶことを最優先の仕事とする教員である」と論じる（2005, 8）。彼らはよい教員は次に掲げた一連の業務を効果的に遂行していると述べる。

◆担当科目の教育
◆授業の準備
◆宿題の提示と採点
◆さまざまな方法で生徒たちの進捗状況の評価
◆報告書の作成
◆達成の記録
◆教科担任教員たちの一員として働くこと
◆教育課程の進展
◆最新の教育方法を取り入れること（それはしばしば教科との関わりを通じてという場合がある）
◆学校の教育方針の遂行
◆教科外活動（13）

優れた教員についての定義は述べていないが,一般的に優れた教員とは教科の知識をもち,その知識に関心があり,他の教職員とも協働して,グループでの活動を組織して,新しい学校の教育方針と新しい技術にも順応して,生徒たちの要求を深く理解できると言える。

教員の活動

キレン（Killen）は実力のある教員が教育活動を生徒たちの学習に集中させるために経る段階を明らかにして,第1の段階は「生徒たちに何を理解させたいかを思い描くことである」と述べた（2007, 13）。これは教員や司書教諭がすべての生徒に理解させる方法を示す必要があるというよりも難しい。

教員や司書教諭が課題の計画の重要性を生徒たちに理解させようとすれば，彼らは計画について何回か説明して，多くの場合，最初に一部の理解力の乏しい生徒を除いた大多数の生徒たちが理解する言葉で説明して，次に理解力の乏しい生徒でもわかるように細かい点を説明する。実力のある教員と司書教諭ならば，質問しながら生徒たちが説明を理解しているかも確かめる。

　キレンが示す第2の段階は「思い描く学習成果を生徒たちに理解させる伝達手段となる学習内容（または教えるテーマ）を選ぶ」（2007, 14）ことである。キレンによると教員や司書教諭が選ぶ内容は生徒の関心に直結したもので，しかも生徒たちが質問を通して探究できる，さまざまな方法で学べる，つまり一連の活動で学べる本質的なものである。生徒たちにすでに知っている知識と結びつき，他の科目の領域と関連する機会を与える。こうして生徒たちに課題の計画について教えることには，生徒たちの課題についての興味を引き出すこと，課題の計画を立てることが何かという質問を投げかけること，テーマについてのブレインストーミングをグループで行うように指示すること，以前に課題に取り組んだ経験を書き出すことが含まれる。

　キレンが示す第3の段階は，生徒たちが学びたいと感じるような学習に適した環境を生み出すことである。これには生徒たちがすでに学んだことを意欲的に考えて話題のさまざまな側面を話し合える雰囲気を作り出すことが含まれる。課題の計画についてのグループ学習には，教員や司書教諭がそれぞれのグループにコンセプト・マップを描くように指示して，これから取り組むグループにはそれを使って効果的に課題の計画を立てることがどういうことかについてアドバイスする。第4の段階は「生徒たちに彼らの理解が深まったことを公表する機会を与えること」（Killen, 15）である。こうすることで，たとえば選んだトピックについてのコンセプト・マップを描くことによって，生徒は学んできたことを応用できるようになり，教員や司書教諭は生徒たちの理解の程度を判断できて必要な活動を行えるようになる。

　効果的に授業計画を立てることが教室や学校図書館での教育活動を成功させるのにあらかじめ必要であるように，授業計画は教員が何をするのかを考

える上で重要である。ブット（Butt, 2006）は授業計画の重要な点を授業で教える目的を明らかにすること，授業を効果的に計画すること，適切な教授方法を選択すること，適切な機器を選択すること，最適な環境を作り上げることと概説している。ブットは授業計画の書式も示している。この最も簡素な授業計画の表には授業時間，教えるグループ，授業のテーマとなることと目的，教えるのに必要な情報源，活動内容，評価方法が書き込めるようになっている。図1.1は授業計画を綿密に立てるための書式である。

日付　　　　授業　　　　時間　　　　組　　　　教室		
授業科目		
授業の目的		
授業の対象となることと尋ねる質問		
科目内容 ナショナル・カリキュラムとシラバスの関連	横断学習との関連とテーマ，必要な能力	
情報源（教材）	準備すること（教室と機材）	
グループ分け	行動で重点を置くこと	
学習作業と作業	時間	教える手順と教員の行動
課題の機会，対象となること，その根拠		
学習活動の評価	教育活動の評価	
行動で重点を置くこと		

図1.1　授業計画の書式（ブット，2006, 29）

簡素な授業計画と図1.1に示したより綿密な授業計画の注目すべき相違点は，第2の計画がさらに詳しい計画を立てるように余地を残し，そして教員や司書教諭が授業で担当する部分を与えている点である。

　図1.2は，教員が情報活用能力と教えるテーマと結びつけることを意識して行った第9学年の地理の授業計画の例である。情報活用能力の教育課程への導入は，生徒たちにこうした能力を理解させる方法としては大いに効果的で意義がある。

第9学年　地理　情報リテラシー活動			
課題のタイトル	オーストラリアの環境問題と自然災害（洪水）		
概況	この授業は情報リテラシー活動を行う全2回授業の1回目である。中心の課題はオーストラリアの環境問題で，自然災害に重点を置く。この授業では洪水が起きた原因が何かを生徒たちに理解させる。		
中心課題	オーストラリアの環境問題を調べる		
主要学習領域（KLA）	人間社会と環境	科目	地理
学年	9	段階	5A1
学習の成果	5.1　地理情報の識別，収集，評価 5.2　地理情報の分析，編集，統合 5.3　地理の情報を文章に書き，口頭発表して，図表化する適切な書式の選択と活用 5.4　地理情報を伝えるための適切な用具 5.6　オーストラリアの環境を形成して，変貌させる地理学的な変遷の説明		
生徒たちの学習内容	・オーストラリアの自然災害の本質 ・関連する地理学的な変遷 ・自然災害の影響 　— 経済的影響 　— 環境的影響 　— 社会的影響	生徒たちの学習の目的	・自然災害に関連する地理学的な変遷の叙述 ・オーストラリアの自然災害が与える経済的な，環境的な，社会的影響の叙述

授業時間	100分
教員の準備時間	45分
必要な教材	・インターネットにアクセスできるコンピュータ ・地図類 ・写真 ・ヴィジュアル・ワークシート（添付ファイルで2枚）
授業の進め方	1. 授業のために事前にコンピュータ教室の座席と机か，学校図書館のコンピュータを予約しておく。 2. 教員は授業が始まる前に生徒全員に添付ファイル1を電子メールで送付する。添付ファイルには授業の説明の概要とウェブページへのリンク集が示されている。 3. 添付ファイル2にはヴィジュアル・ワークシートがあり，生徒たちがそれに書き込んで，次の授業が始まる前に教員へ返信することになる。 4. 教員は科目の授業全般にわたる質問に答えて，進行状況を確認しながら生徒たちの課題の作業を続けるように促す。
宿題	・生徒たちへ授業中に終わらない場合は宿題としてヴィジュアル・ワークシートへの記入を指示する。
評価についての提案	
添付ファイル	・ヴィジュアル・ワークシート ・指導内容のメッセージ
自己評価	
作成者	ML
作成年月日	2009年5月6日

図1.2　オーストラリアのサザンクロス大学が教育実習生に示した授業計画の例：情報活用能力の習得を意識した第9学年の地理の授業計画

（http://www.scu.edu.au/library/download.php?doc_id=5553&site_id=40）

ウェブ情報の導入

　教員と司書教諭は教える際にさまざまな目的でウェブ情報を利活用できる。第1に，ウェブサイトやウェブ上の記事を読むことで教員の知識を広げ

るという点でウェブ情報は教職員自身の資質の向上につながる情報源である。たとえば，オーストラリアの地理の教員が，火山の最新の知識を得るために Aussie Educator site（www.aussieeducator.org.au）を利用している。英国では地理の教員が人口統計に関する知識を得るために Intute site（www.intute.ac.uk）を使っているし，北米の教員は気候変動に関する時事問題を探すために膨大な情報源である US Geological Survey（http://education.usgs.gov）を使っている。同様に，司書教諭が情報活用教育のために Resource for School librarians（www.sldrectory.com）を使うこともある。

　第 2 に，ウェブ情報は教員が教室で生徒たちに活動を計画させるための情報源になる。ウェブサイトを活用すれば生徒たちが意義のある活動に取り組めるのに，教師たちは検索を手段とすることを避けている。ウェツェル（Wetzel）は科学教育とウェブ情報に関心があり，生徒たちは「科学の話題を…（中略）…より深く，さらに双方向的に——直ちに，シミュレーションの手法，オンライン上の手法，問題解決の手法を用いて活用できる」（2005, 2）と述べている。ウェツェルは活動の事例として，理科の教員がすべての学年の生徒たちの活動で利用できる米国航空宇宙局 NASA の航空宇宙工学の授業 Aerospace Lesson Plans（http://quest.nasa.gov/aero/teacher/learning.html）を紹介している。

　第 3 に，ウェブ情報は生徒たちにウェブサイトを仲介する情報源（リンク集）として使われているが，もともと教員が精査してウェブサイトへ仲介してきたし，多くの場合，司書教諭が行ってきたことである。こうしたウェブサイトを仲介することは，その学校の目的に特化してサイトが選択されて特定の生徒たちの学習要求に適していることに価値がある。第 3 章で見てゆくが，こうした選択をするためには教員と司書教諭がウェブ情報を効果的に検索できることが条件となる。たとえば中等教育学校や高等学校の教員が生徒たちのために奴隷制廃止についての情報を探索するとき，高等学校の生徒たちのための教材を含む結果にするには，「高等学校」という語を含む検索でより検索されやすくなる。

　ウェツェル（2005, 3）は，科学教育でウェブ情報を活用することが生徒た

ちに効用をもたらすことを例にして，次のいくつかの観点で「技術に裏づけされたウェブ情報が門戸を開く」と述べている。

◆平等に情報にアクセスできる
◆生徒たちを活動的な学習に取り組ませる
◆生徒たちの学習意欲を高める
◆教員たちの探求型教育・学習の実践へ向けての努力を支援する

　最初に指摘された点が世界中の学校ではきわめて重要である。いわゆる先進国でさえ，多くの生徒たちが学校以外でウェブ情報にアクセスできない。このようにすべての生徒たちにウェブ情報へアクセスする機会を平等に与えることは，教員と司書教諭が学校の中で幅広く活動する立場を確かなものとする。ウェブ情報の評価などの活発な学習活動で，教員と司書教諭による効果的な調整があれば，生徒たちは学習をより効果的に取り組む。生徒たちは意欲的にウェブ情報を活用すると思っていても，働きかけなしに取り組もうとはしない。とりわけ司書教諭には，目的もなく調べにやってきてしまう生徒たちが学ぶ意欲がなさそうなことがわかる。それでも，ウェブ情報の活用が授業の構成内容に組み込まれて，さらにその授業で生徒たちが読んだことについて質問できて，ウェブ情報で見つけたことと教室で以前学んだことを結びつけられると，生徒たちの意欲は高まるであろう。

　教員と司書教諭が有能であれば，生徒たちの能力と学習方法に応じてウェブ情報の適切で挑戦的な活用方法を設定できる。ウェツェル（2004）は探求型授業が理科教育を成功に導く鍵であると主張し，著者自身も探求型学習は学校のすべての教科の要点の一つと論じてきた。探求型授業を実践して成功させるために，生徒たちがウェブ情報の効果的な活用にあたって必要とされる情報活用能力と技能を身につけられるように教員と司書教諭は協働する必要がある。第6章ではこうした能力と技能を生徒たちに教える方法に重点を置く。

教員と司書教諭の協働

　教育を成功に導くために，とりわけ情報活用能力と生徒たちのウェブ情報を活用の関係については教員と司書教諭の協働が重要な鍵となる。モンティエール・オーヴァオール（Montiel-Overall, 2008）とギブソン・ラングフォード（Gibson-Langford, 2007）は，教員と司書教諭が協力し協働する一連の領域を明らかにした。二人の研究者はともに，司書教諭が教室で資料を提示する場合など，教員と司書教諭の間では協力よりも協働のほうが効果的であると論じる。協働とは二人の専門家が知識を共有することを意味している。たとえば教員が教科の知識を，司書教諭が情報活用能力の知識をそれぞれ出し合うことである。それぞれの知識を共有すると，ともに授業や学習について計画して，相互理解が深まり，専門用語も共通に使える。生徒たちに情報活用能力とウェブ情報の活用を教えるときに共通の専門用語を使うことは大変重要である。こうして，司書教諭が生徒たちにコンセプト・マッピングやモデル化された検索の手順を紹介して，教員が生徒たちに司書教諭と同じ用語を使って教室で教えると，生徒たちは情報活用能力を問題なく使うようになる。こうした協働に関しては第6章から第9章で解説する。

第1章のまとめ

　学習と教育は学校における活動の中核的基盤であり，情報活用能力を身につけた生徒たちがウェブ情報を効果的に使いこなせるように育成するには，生徒たちが何を学び，どのように学び，どのような教育方法が効果的であるかに，学校全体で関心をもって取り組むことが大切である。教員と司書教諭の取り組む課題は，生徒たちが適切な情報源と足場となる学習素材にアクセスできる教室と学校図書館の学習環境を整備することである。

参考文献

Butt, G. (2006) *Lesson Planning*, 2nd edn, Continuum International.
Capel, S., Leask, M. and Turner T. (1996) *Learning to Teach in the Secondary School: a companion to school experience*, Routledge.

Gibson-Langford, L. (2007) Collaboration: force or forced? Part 2, *Scan*, 27(1), 31-7.

Herring, J. (2004) *The Internet and Information Skills: a guide for teachers and school librarians*, Facet Publishing.

James, M. (2007) *Improving Learning How to Learn: classrooms, schools and networks*, Routledge.

Killen, R. (2007) *Effective Teaching Strategies: lessons from research and practice*, 4th edn, Thompson Social Science Press.

Gibson-Langford, L. (2007) A Qualitative Study of Teacher and Librarian Collaboration, *Scan*, 27(3), 25-31.

Prichard, A. (2009) *Ways of Learning: learning theories and learning styles in the classroom*, 2nd edn, Routledge.

Ryan, K. and Cooper, J. (2010) *Those Who Can, Teach* Wadsworth Cengage Learning.

Spence, C. (2009) *Learning with Passion and Purpose*, Pembroke Publishers.

Wetzel, D. (2005) *How to Weave the Web into K–8 Science*, vol. 2004, NSTA Press.

第2章

インターネットで情報を発見して活用する

この章を読むと
・効果的にウェブ上の情報を検索できる
・教員や司書教諭として効果的に検索エンジンを活用できる
・教育活動や生徒たちに情報を示すときにより多くの情報源を活用できる
・効率的な検索が学習と教育の情報源としてウェブ情報を活用するのにつながるかを理解できる
・学校で教職員のためのウェブ情報検索の実務研修を行うことができる

はじめに

　教職員と生徒たちが学校でウェブ情報を使うことはもはや当然であり，すべての教職員と生徒たちがウェブ情報を使いこなすと思われている。しかしながら，実際は正反対であり，著者自身が世界の国々の学校をいくつかの学校を訪問して，大半の教員と司書教諭はウェブ上の情報を効率的に検索する能力に限界があることに気がついた。各国の教職員は情報検索の職員研修に参加する機会がきわめて少ない。多くの教職員は自学自習か，同僚から検索エンジンの使い方を教わっていて，その同僚も浅い経験であることが多い。教職員がウェブ上の情報を検索することをあまり意識せず，技能も身につけていない学校では，膨大な機会提供の時間と費用が必要となるのは当然である。学校の学習活動と教育活動に役立つ無料のウェブ情報が存在しているのに，情報検索の知識の欠如は結果として教職員の教育活動と自己形成を向上させるきっかけを奪いかねないからである。

　この章では上述した問題点を追及しながら，教員と司書教諭の検索エンジンとディレクトリの知識を増やしてウェブ情報の検索の技能を向上させるガ

イドを示す。またウェブ情報の検索の実務研修会の例も示す。

検索エンジン

　学校や社会で情報を検索するときには多くの場合，検索エンジンを使い，その中でも最も普及しているのは Google である。ノテス（Notess）は検索エンジンを「クローラが収集したインターネット上の情報のテキストを索引化して，検索ボックスにキーワードを入力して検索するデータベースで，無数に存在するウェブページに無料でアクセスできる」（2006, 98）と定義する。ノテスの定義で記憶すべき重要な点は，多くの検索エンジンがテキストを対象に検索して，キーワードを対象に検索しないことである。このことは人々が用いたキーワードに関連する情報を検索してしまう検索エンジンの能力の限界に失望する理由の一つになっている。ウェブ上で利用可能な検索エンジンは膨大な種類がある。The Search Engine List（www.thesearchenginelist.com）には 100 あまりの検索エンジンが紹介されていて，図書，ビジネス，企業，ヒューマン・サーチ，メタサーチなど，それぞれの目的別のカテゴリーに細かく分類されている。この検索エンジンのリストは非常に重要で有益なリストである。たしかに Google は世界中で最も使われている検索エンジンであるが，必ずしも最適な検索エンジンとは言えないことがある。それは特に利用者が医学情報のように専門的な情報を検索する場合である。図 2.1 は The Search Engine List の医学情報専門の検索エンジンのリストである。こうした検索エンジンを使って検索した情報の多くは Google でも検索できるけれども，一部の情報は Google で検索できない。とりわけ医学情報に関する課題に取り組む上級生たちにとって，専門情報の検索エンジンの使い方を司書教諭からアドバイスすることは大いに役立つ。

Medical	Bioinformatic Harvester	**Bioinformatic Harvester:** From the Karlsruhe Institute of Technology, the Bioinformatic Harvester crawls and crosslinks dozens of bioinformatic sites and serves 10's of thousands of pages daily.
	Entrez	**Entrez (Pubmed):** The life sciences search engine.
	EMBL-EBI	**EB-Eye** - EMBL-EBI's (European Bioinformatics Institute): Open-source, high-performance, full-featured text search engine library written entirely in Java. Very fast access to the EBI's data resources.
	Genie Knows	**Genie Knows:** A division of IT Interactive Services Inc., a Canadian vertical search engine company concentrating on niche markets: health search, video games search, and local business directory search.
	gopubmed	**GoPubMed:** Knowledge-based: GO - GeneOntology - Searching sorted - Social network and folsonomy for sciences.
	healia	**Healia:** The health search engine. From the site, "The high quality and personalized health search engine".
	KMLE Medical Dictionary King's Medical Library Engine	**KMLE (King's Medical Library Engine):** Full American Heritage Stedman's Medical Dictionary comprehensive resource including tens of thousands of audio pronunciations and abbreviation guides.
	MeshPubMed	**MeSH** - Medical Subject Headings (GoPubMed): Knowledge-based.
	Search Medica	**SearchMedica:** Professional Medical Search
	WebMD	**WebMD:** A source for health information, a symptom checklist, pharmacy information, and a place to store personal medical information.The leading US Health portal, it scores over 40 million hits per month.

図 2.1 検索エンジン・リストの医学関連の検索エンジン
(http://www.thesearchenginelist.com/)

Google の優れた特長

　教員と司書教諭，生徒たちに Google をいつでも使わないようにしようと説得するのは至難の業であり，Google が使われるのは数々の機能が大変役立つからである。著者自身は学校の教職員と生徒が Google 以外の検索エンジン（たとえば Dogpile　www.dogplie.com）を使うように強要されないなら，少なくとも Google の基本的な検索機能を常に使うなと強要されるのと同じと論じたことがある。Google の検索オプション（Google Advanced Search）は検索する者には大変便利であり，検索オプションを使うユーザーに，直ちによ

り詳しい検索を考えるようと示してくれる。検索オプションでは次の検索ボックスが用意されている。

◆すべての言葉を含む（AND 検索）
◆語順も含め完全一致（フレーズ検索）
◆いずれかのキーワードを含む（OR 検索）
◆含めないキーワード（NOT 検索）
◆数値（範囲検索）（図 2.2 を参照）

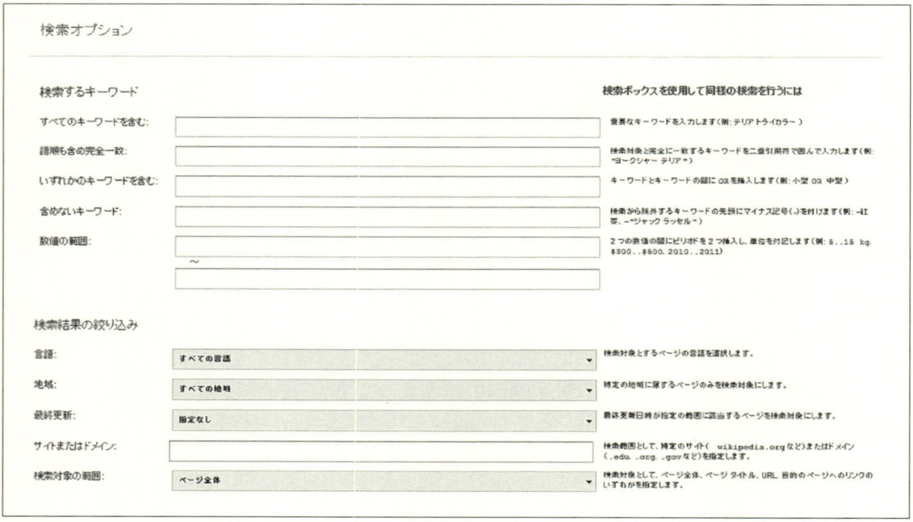

図 2.2　Google の検索オプション

こうして Google は基本検索（basic search）には現れない検索の代替方法を提示して，コンテンツの検索について考えることを促している。Google の検索オプションの利点をこれから述べる。

Google の検索オプションには基本検索にない「言語」「ファイル形式」「サイトまたはドメイン」などの検索が用意されている。「言語」は学校でのさまざまな目的に使える。利用者が「言語」の検索ボックスの下向き矢印▼

をクリックすると多数の言語が表示される。著者自身の経験では，この機能を知っている現代外国語担当の教員はきわめて少数で，使う司書教諭も大変少ない。この機能を使った例としては，「語順を含め完全一致」の検索ボックスに 'vacances en France' と入力して，フランス語のサイトだけを検索したい場合である。フランス語のウェブサイトだけが検索結果に表示される。こうしたウェブサイトは外国語科目の教員がフランス語を学ぶ生徒たちのための簡単な読書教材として使える。言語を特定すれば，ある国，地方，あるいは町の新聞の情報，事件，歴史上の人物，地理学的な特徴も検索できる。こうしたテーマを検索したあとで，教員と司書教諭は言語を選び，それぞれの生徒の読解力のレベルに合わせることができる。言語ツールは一度選択すれば言語の選択を要求されないので，利用者はふたたび下向き矢印▼をクリックして「すべての言語」に戻しておく。そうしなければ選んだ言語を後の者がそのまま使うことになる。

　著者自身の経験によれば「ファイル形式」も学校では十分に使われていない。「言語」と同様に「ファイル形式」を使うと，ファイル形式の選択ができる。たとえば，マイクロソフト社の PowerPoint のファイルも含まれる。この選択で世界中の教職員が作成した教科のテーマの教材やプレゼンテーション資料を検索できることが重要である。たとえば「地球温暖化　高等学校（global warming high school）」「地球温暖化　小学校（global warming primary school）」にマイクロソフト社の PowerPoint のファイル形式を組み合わせて検索すれば，このテーマについて高等学校あるいは小学校の発表資料を検索できる。こうした発表資料の質は保証できないが，多くの場合，一度は学校で使われたものであるから，専門的な内容も含まれて教室で使える可能性もある。これらの発表資料を使うのであれば，作成者に連絡して許諾を得るのが礼儀であろう。ファイル形式の指定を使ったら「すべての形式」に戻しておく。

　「サイトまたはドメイン」の指定も，とりわけ各国の政府機関，大学，主要な報道機関の大きなサイトを検索するときに便利である。表 2.1 に例を示す。

教員と司書教諭がオーストラリア連邦政府の干ばつに関する情報を検索するとき「サイトまたはドメイン」で 'australia.gov.au' と指定して「語順も含め完全一致」に「干ばつの原因」と入力すればよい。図 2.3 を見ると，この検索結果のすべてのサイトはドメインが 'australia.gov.au' となっている。このように教員と司書教諭が，たとえば中央政府という特定の観点で検索するならば，サイトまたはドメイン検索は大いに役に立つ。

　著者が学校で見学した例の中には，教員が生徒たちに国内あるいは国外のさまざまな新聞の情報で動物福祉のようなテーマを比較検証させた例，司書教諭が環境保護のような教科のテーマについて政府，新聞社，鉱山会社のサイトを検索させて生徒たちがさまざまな視点から学べるように工夫したデジタル・パスファインダーを作成した例がある。

　「サイトまたはドメイン」の機能を使ったら，ボックスの中のドメイン名・サイトのアドレスを消去する。

表 2.1　オーストラリア，英国，米国の政府機関・大学・報道機関のサイトの例

国	政府機関	大学	報道機関
オーストラリア	australia.gov.au（連邦政府） nsw.gov.au（ニューサウスウェールズ州政府）	csu.edu.au（チャールズ・スタート大学） anu.edu.au（オーストラリア国立大学）	abc.com.au（ABC テレビ・ラジオ） Smh.com.au（シドニー・モーニング・ヘラルド新聞社）
英国	direct.gov.uk（中央政府） Scotland.gov.uk（スコットランド地方政府）	ed.ac.uk（エジンバラ大学） imperial.ac.uk（インペリアル・カレッジ・ロンドン）	bbc.co.uk（BBC テレビ・ラジオ） Guardian.co.uk（ガーディアン新聞社）
米国	usa.gov（合衆国政府） ca.gov（カリフォルニア州政府）	mit.edu（マサチューセッツ工科大学） indiana.edu（インディアナ大学）	pbs.org（公共放送サービス） nytimes.com（ニューヨークタイムズ新聞社）

第2章 インターネットで情報を発見して活用する　31

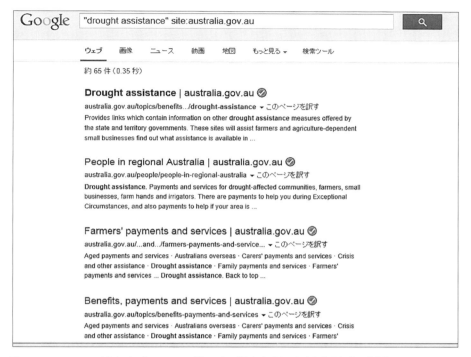

図 2.3　Google の検索オプションでドメイン検索を行った例（"干ばつ支援"に関してオーストラリア政府の公式サイトのドメインを指定した例）

Google Image（グーグル・イメージ），Google Map（グーグル・マップ），
Google Earth（グーグル・アース），Google News（グーグル・ニュース）

　学校ではあまり使われない Google の特徴的な機能にはグーグル・イメージがあり，グーグル・イメージの検索オプションの多くの機能は Google の基本検索よりも使う価値がある。図 2.4 に利用できる検索オプションを示している。それには次のような検索ができる。

◆画像の種類（ニュース，写真，クリップアートなど）
◆ファイル形式（.jpg など）
◆ドメイン（flickr.com, commons.wikimedia.org など）

◆ライセンス(「ライセンスでフィルタリングしない」などの指定ができる)

　Googleでもその他の検索エンジンでも,画像検索の重要な点の一つに教員と司書教諭は学内・学外で作成された画像を教材として使用するにあたって著作権(複製権)に気をつけなければならない。司書教諭は教職員と生徒たちに画像情報のようなウェブ上のコンテンツ情報を使うことについてアドバイスを与えなければならないし,また教職員と生徒たちは著作権保護されたコンテンツ情報についてGoogleやその他の検索エンジンが作成した利用規約を学ぶ必要がある。たとえば「ライセンスでフィルタリングしない」とあっても,利用者が画像を複製したり自由に使ったりすることではない。

　最近のGoogleの2つの画期的な機能はグーグル・マップとグーグル・アースである。マップの機能で教員は生徒たちに地図上の地点を選ばせて,生徒たちにそれぞれ学校周辺の地図などの作成にも使える。地図は編集することもでき,文章や写真,動画も付け加えることもできる。グーグル・マップのホームページにはマイ・プレイス(My map)機能があり,利用者に地図の作り方を教えてくれる。グーグル・アースも学校で多く使える機能があり,教員と司書教諭にとって活用する価値がある。グーグル・アースは特定の国のある地点をズームインできるだけでなく,教員と司書教諭が生徒たちの地理,理科,歴史,環境教育の学習課題を支援するのにも使える。Shamble.net (2010)は学校での学習に役立つグーグル・アースの応用例を紹介している。

　Googleにはニュース機能もあり,教員と司書教諭が彼らの教育活動や生徒たちの学習活動に関わりのあるニュース情報を検索できる。しかしながら,これを使うには注意が必要である。場合によっては基本検索を使うと検索結果が適正でないからである。自分が関心をもっている国のニュース(Google News Australia)なのか確認することが大切である。グーグル・ニュースの検索結果がどのくらい最新の情報なのかも検証する必要もある。グーグル・ニュースは学校の教職員と生徒たちにとって役に立つ機能であり,検索オプションを使えば,特定の新聞社の情報へアクセスできる。

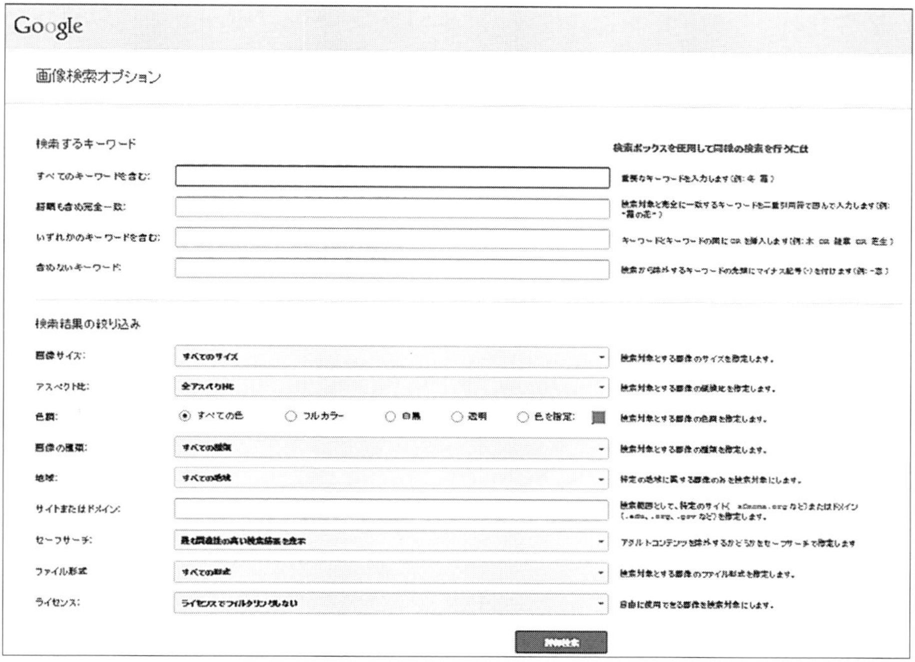

図2.4　グーグルの画像検索オプション

Google Scholar（グーグル・スカラー）と Google Books（グーグル・ブックス）

中等教育学校（中学校と高等学校）で上級の生徒に教材を示して教科のテーマに関する雑誌記事を検索する教員と司書教諭にとって，グーグル・スカラーの機能は便利である。しかしながらグーグル・ニュースと同様にグーグル・スカラーを使って検索するなら注意が必要である。2010年の時点，基本検索で地球温暖化の記事を検索すると，2000年以降の記事で検索されたのは2件のみだった。スカラー検索のオプションを使うと利用者は「期間指定」（刊行期間の範囲指定）をして検索でき，同じテーマで2005年から2010年に刊行された雑誌記事を検索すると相当数の記事の検索結果が得られた。さらにグーグル・スカラーを使う上での注意点として，学術雑誌に掲載され

た記事であるために検索された雑誌記事の多くが学校の生徒たちには適さないが，それでもグーグル・スカラーが役に立つことを示すならば，この点にこそ司書教諭が仲介の役割を果たす必要性が残されている。

　グーグル・ブックスの導入はこれまで物議を醸してきた。著作者・出版社・図書館の側と Google の側との間で論争が続いていて，主な争点は Google が将来にわたって出版する権利を管理する可能性である。グーグル・ブックスは学校で購入できない，または相互貸借でしか入手できない図書の一部分をフリー・アクセスで利用者に提供できる。他の Google の機能と同様に，グーグル・ブックスの検索オプションがあり，それを使えば最も的確な検索ができ，利用者は著者，書名，出版社などの書誌データで検索できる（図 2.5 参照）。「限定表示」であっても，その図書の重要な部分を表示できる。この機能は教員，司書教諭，上級生たちにとって強力な情報源になるにちがいない。

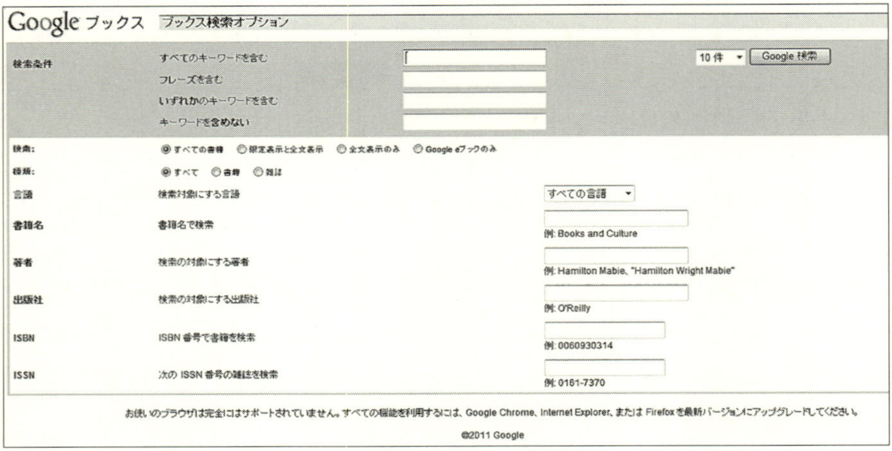

図 2.5　グーグルのブックス検索オプション

メタ検索エンジン

　Google は利用者の質問文（クエリー）に関する情報を独自のデータベースで検索できる単独検索エンジンである。それに対して他の検索エンジンで検

索して，最も適切な検索結果を一覧して表示する検索エンジンが多く存在する。こうしたメタ検索エンジンには Dogpile，Excite，Info.com，Ixquick などがある。学校で使われるメタ検索エンジンとしては Dogpile があり，Dogpile は4つの検索エンジンを横断検索する。図2.6は「津波　原因　高等学校（tsunami cause high school）」（検索語に高等学校 high school を含めたのは高校生に関係しそうな検索結果になるようにするためである）と入力した検索結果である。検索結果の一覧には Google や Yahoo! の検索結果のように注釈（note）がついている。メタ検索エンジンは他の検索エンジンを横断的に検索できて，検索の範囲が広がるので使いやすい。著者自身の経験では Google では見つからなかった情報を Dogpile で見つけることができた。ホック（Hock, 2007）はメタ検索エンジンが便利であるが，それぞれの検索エンジンから表示できる結果が限られたり，有料リスティングがあったり，それぞれの表示されるサイトの情報が限られたりと，その機能には限界があると認めている。

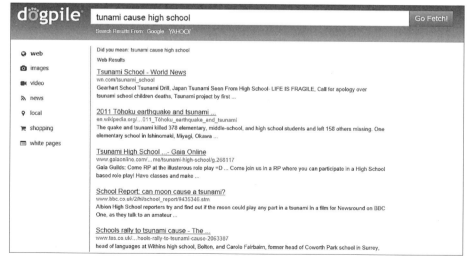

図2.6　Dogpile での検索結果

画像検索エンジン

　多くの検索エンジンはテキスト形式の情報を結果として表示して，画像検索を指定したとき画像情報が利用者に示される。検索エンジンの期待された改良技術には，検索結果を一覧として表示する代わりに，関連性の順序で画像情報の検索結果を視覚的に表示する方法がある。たとえば，コンセプト・マップやプレゼンテーション・ソフトのスライドの一部をウェブサイトから表示する。

　画像検索エンジンには Kartoo や SearchMe のようにサービスが期待されながら消滅してしまったものもある。画像検索エンジンには利用者がクリックしてサイトの中に入る前に多くの情報を得られるという利点がある。プレゼンテーションは画像情報そのもので評価が決まり，視覚的なプレゼンテーションは学習者の視覚に訴える。2010 年の夏の時点では学校の教職員と生徒たちが使えそうな画像検索エンジンが 2 つある。

- ◆ Middlespot（http://middlespot.com）は検索すると 2 つのカラム（欄）が示され，左側にはウェブページの一覧が表示されて，右側には主要なウェブページの画像が示される。画像のサイズは変更可能であるが，サイズによって画像の表現がさまざまある。
- ◆ Viewzi（www.viewzi.com）は標準的なテキスト形式のリストのように検索結果が表示される。Web Screenshot はサイトの最初のページを表示する。Google Timeline は日付の順に検索結果を表示する。

　画像検索エンジンは利用者の関心を惹く検索モデルを示すことができる。画像検索エンジンは今後もますます活用されると期待される。

ディレクトリ検索

　ノテス（2006, 100）はディレクトリを次のように定義する。

ウェブサイトの分類された一覧であり，サイトの簡潔な情報が特有の階層的分類によって配置されている。一般にサイトの管理者によってサイトが分類されて，サイトはカテゴリー名（分野名），サイトのタイトル，サイトの簡潔な説明で検索できる。ディレクトリはサイトをブラウジング（参照・閲覧）して選択する手段であり，新分野から検索はじめる手段である。ただし，ディレクトリは通常サイトのメインページのみを含んでいる。

この定義で重要な点はディレクトリが人手を介した入力で設計され（機械的に運用されている検索エンジンとは異なる），利用者が適切な情報を発見するのを援助するために階層的に構成され，検索が可能になっていることである。ディレクトリは情報検索するというよりブラウジングとして使われることが多い。たとえば司書教諭は「科学（science）」についてディレクトリで探し，表示されたカテゴリー（分野）全体をブラウジングする。図 2.7 は「科学（science）」に関するカテゴリー（分野）が Open Directory Project（www.dmz.org）の検索結果として示された例である。

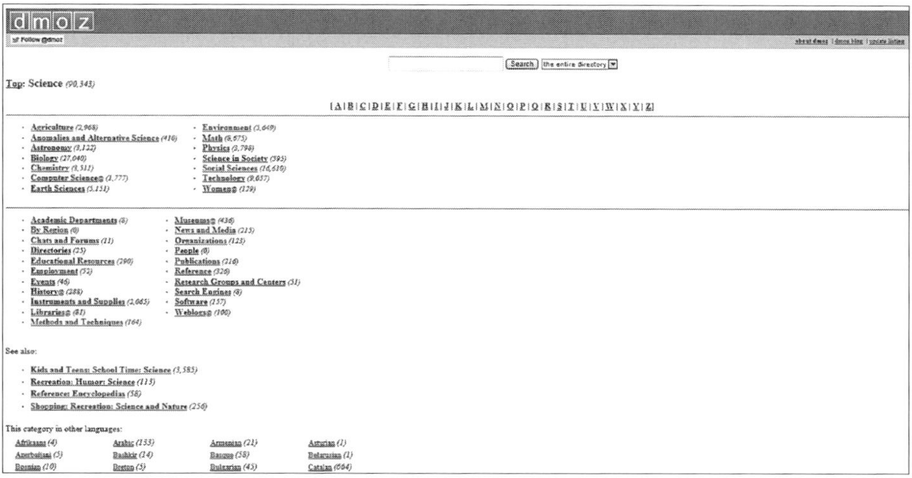

図 2.7　Open Directory Project の科学（science）のカテゴリー

特に司書教諭にとって役に立つディレクトリには IPL2［訳注：現在は更新を中止している］があり，Internet Public Library と Librarians' Internet Index が合弁したもので，「新聞と雑誌（Newspaper and magazine）」のカテゴリー（分野）をクリックすると世界中の新聞のオンライン版が表示される。最も有名な商業用ディレクトリはヤフー・ディレクトリ（http://dir.yahoo.com）である。教員と司書教諭にとってディレクトリと（ロボット型）検索エンジンのどちらが最適な情報源かという質問は，学習活動と教育活動を促進することにあまり関係ない。むしろディレクトリを検索エンジンの代替手段と考えるべきで，ディレクトリは検索エンジンよりも検索語が統制・編制されている。

効果的な検索

効果的なウェブ検索ができるということにはさまざまな意味合いを含んでいて，「効果的であること」は検索できる環境に左右される。理論としては教員と司書教諭は検索を実行する前に検索に語・語句は何を用いるか，検索の手段は何が適切かを注意深く考える。実際には常に時間の制約があり，情報は直ちに必要になる。効果的なウェブ検索とは可能な限りの時間の中で最も適切で最新の情報を発見することである。

限られた時間でも，より効果的な検索の方法が見つかるものである。効果的なウェブ検索ができる人たちは規則とか習慣ともいえる正規の方法を習得してきた。こうした効果的なウェブ検索は有益であり，こうした方法は多くの質問に答えられる。ウェブ情報の効果的な検索に関しては Berkeley Library guide（UC Berkeley Library 2009），ボズウェル（Boswell, 2010）の効果的な検索についての解説，カールソン（Carlson, 2002）のウェブ検索の戒律集，ノテス（2006）のウェブ検索を教えるためのガイド，ホック（2007）のプロの（熟達した）検索者のためのガイドなどの文献に概説されている。

これから述べる教員と司書教諭に対するアドバイスは，上記のウェブ検索の概説書に基づき，特に学校における効果的なウェブ検索に焦点を絞る。教員と司書教諭が実行する検索で大切な点は適切で最新の情報，アイデア，概

念を発見することが教育の専門性を向上させるためであり，こうした検索の経験を生徒たちに受け継ぐことができるようにするためでもある。生徒たちは教職員よりすばやく検索することができても，多くの場合，効果的な検索はできない。

質問1：何を見つけようとしているのか？

一見，この単純な質問に，実は効果的なウェブ検索の多くの複雑な要素が含まれている。「**正確には**何を見つけようとしているのか？」と，この質問を言い換えることもできるだろう。津波の原因と影響について学ぶ生徒たちに使わせるウェブサイトを教員のために司書教諭が探すならば，Googleや他の検索エンジンで「津波　原因（tsunami causes）」あるいは「津波　影響（tsunami effects）」のキーワードで検索して役立つ結果を発見するだろう。司書教諭が見つけようと試みることは津波の原因と影響の情報であるが，正確には高等学校で教育の目的のためである。

すでに強調して述べたように，期待通りの結果を求めたいならば利用者が普段使っている検索エンジンの検索オプションを使うことができる。司書教諭には2つの選択肢がある。第1の選択は「津波　原因　教育活動　高等学校（tsunami causes teaching high school）」あるいは「津波　影響　教育活動　高等学校（tsunami effects teaching high school）」と入力する。関連する情報の検索結果を導くために教育活動（teaching）と高等学校（high school）と検索語を増やして検索するほうがよい。大学生にとっては「津波　原因（tsunami causes）」とより単純に検索して検索結果を導くほうが最適であるのと対照的である。第2の選択は，より最適な手法として検索オプションを用いる。Googleを使って司書教諭が次のように検索する。

　　すべての言葉を含む：教育活動　高等学校（teaching high school）
　　語順も含め完全一致：津波の起きる原因（tsunamis are caused by）

効果的な検索は教員や司書教諭が用いる語や語句の選択によるだけでなく，こうした語や語句の背後にある思考の質に影響を受ける。すでに注目したよ

うに，検索オプションは検索によって求められるものが何かを利用者にじっくりと考えさせる。検索を実行する前に検索に用いる語を書き出すことは有意義である。こうすることで利用者があいまいな検索に飛びつくことを防ぎ，少しでも考える時間をつくり，この時間がさらに効果的な検索で結果を導くともに大変有益なことで，そのため後の時間を節約することにつながる。

質問2：テーマについてあまり知らなかったら，どうするのか？

　教員や司書教諭が課題のテーマについて関連知識をもっているときには，多くのキーワードや語句を使って検索オプションを用いて最も効果的な検索手法となり，検索は上手くはかどるが，こうした知識には限界があるという状況に問題がある。司書教諭がGoogleあるいは他の検索エンジンで高等学校の最終学年である12年生の課題である喘息の化学療法と自然療法の比較に関する情報を見つけるのを手助けするのに「喘息　治療（asthma treatment）」と入力して検索して始めるが，これは検索の範囲を広げて必要なアイデアを得るためである。さらにGoogleで「喘息の化学療法と自然療法の比較（comparing chemical and natural treatment of asthma）」と入力する，あるいは検索オプションを用いて課題の題名を分割して入力することも効果的かもしれないが，検索を始めるときの知識が乏しく，深く探求して検索する時間があれば，検索の範囲を広げてみるのが効果的である。

質問3：ウェブ検索で時間を無駄にしないためにどうするのか？

　この質問は学校の教職員の間でよくある。「どうしたら**生徒たち**にウェブ検索で無駄な時間を過ごさせないようにできるのか」という質問を耳にする。この質問に対する明快な答えとして，よりよい効果的な検索をするためには紹介した概説書（ガイドライン）を参考にして検索の手法を考えて検索オプションを使えばよい。さらに言えば，教員と司書教諭は次の点を考慮する。

◆検索のやり方を変えてみる。津波の例ならば，特定の国名を加えるな

ど，検索に用いる語や語句を増やしてみる。あるいはグーグル・スカラーを使って日付範囲を選択して検索の範囲を狭めてみる。
◆ Clusty（Clusty.com）のような検索エンジンを使ってみる。この検索エンジンは検索結果をクラスターに分けて，検索者に他の語や語句を使うことを示してくれる。
◆検索時間に制限をかける。10分間の間に**正確な**情報が発見できなければ，アドバイスをするか，他の情報源を使う，他の検索エンジン，ディレクトリ，サブジェクト・ゲートウェイを使うように指示する。
◆検索結果を保存する。時間が足りなくなったら，すばやく検索させて途中であきらめさせるよりも，Googleや他の検索エンジンから検索した結果をコピーさせて，ワードの文書に貼り付けて，後で参照させる。こうして検索結果をワードの文書で見て，アクセスできる。多くの教師と司書教諭は，ウェブを使う他の者たちと同様に，必要のない検索を繰り返して無駄な時間を費やしている。

質問4：学校の学習課題にウェブ情報が最適ではないのか？

この質問の答えとして，いつもそうだとは限らない。ウェブ情報が教育課程のテーマに関する情報とテーマについて教える方法の最適の情報源であったとしても，相当量の適切な情報をウェブ上で発見するには検索の質的な内容，使われる情報源（検索エンジンだけではない），検索にかかる時間が関係する。多忙を極めて余裕のない教員と司書教諭には時間の問題は重大である。ウェブ情報に頼ってしまいがちなのは教職員が他の代わりになる情報源，とりわけ人々という情報源を忘れてしまっていることを意味する。課題のテーマの新しい問題点の非常に専門的な情報を探そうとして時間を費やす代わりに，教員は司書教諭に質問すれば，こうした情報を探すにはどこでどうしたらよいかとアドバイスを受けることもある。同様に，司書教諭は質問文（クエリー）に関連する専門的な情報を見つけるために，教員や生徒たちに改めてレファレンス・インタヴューをすることで時間を無駄につぶさなく

て済む。また，ウェブ情報自体に「専門家に聞く［訳注：AllAboutなどのサイトがよく使われる］」というサービスがあり，こうしたサービスを使えば，さらなる検索に向けてのもう一つの手段として質問をすることができる。

　これまで論じてきた質問は効果的な検索ができるための要点を含んでいるが，検索は一人ひとりの学び方に関わっていて，効果的な検索のための一般的な概説書があるにしても，一人ひとりが何を学ぶかも大変重要である。教員や司書教諭は自分自身の検索の手法について見直して，成功した実例から学ぶことで一人ひとりの効果的な検索方法を向上させることができる。

効果的な検索のための実務研修

> **効果的な検索：検索エンジンを教育と学習にどのように活用するか**
> 研修内容
>
> 9:00-9:15　　研修について
> 9:15-10:15　　効果的な検索をするにはどうしたらよいか
> 　この研修では4つのグループに分かれる。それぞれのグループは配布したA3判の用紙にコンセプト・マップを描く。このコンセプト・マップではグループで考えた効果的な検索の大切な点を明確にする。コンセプト・マップを描くときに，次の点を考える。
>
> 　✓次の学期に教える教科のテーマに関する情報の効果的な検索
> 　✓教えている生徒たちが使えそうな，このテーマに関する的確な情報源の効果的な検索
> 　✓効果的な検索に関してほかのグループにアドバイスできること
>
> 　研修者の全員が見られるように，書き上げたコンセプト・マップは壁に張り出される。効果的な検索にはどんな知識と技能が必要なのかについて話し合う。
> ［講師への注意事項―研修内容にない項目］
> 　この時間の研修では検索エンジンについて意図的に触れないが，情報を検索するにはどんな手段があるかという質問を受け入れる余地は残しておく。これらには検索エンジンのような検索する手段が含まれ，図書館にある印刷資料も，情報源となる人も含まれる。

10:15-10:30　モーニング・ティー
10:30-12:00　Google の検索オプションとその他の検索エンジン
　この時間の研修では……[司書教諭の名前] は Google の特徴的な機能を実行して，さらに検索オプションで教員が教えることと生徒たちが学ぶことに関連する情報と知識について検索する。
[講師への注意事項―研修内容にない項目]
　講師はこの時間にどこまで説明するかを決定しておかなければならない。検索エンジンの特長を表示して，教師たちのテーマを用いて実践する様子も説明するのに時間が限られる。次のことはこの時間に何をするかを示した1例である。

1. www.google.com.au [それぞれの国の Google に対応する] にアクセスして，「検索オプション」をクリックする。Google のメインページに比べて検索オプションに多くの入力項目があることに気がつく。これらの入力項目すべてを使う必要はないが，大変役立つ入力項目もある。言語，ファイル形式（たとえば PowerPoint ファイル），日付（役に立つだろう），キーワードの現れる部分の指定（たとえばタイトル）と，検索に使える入力項目を見ることができる。

　ここでドメインサーチに注目する。「語順も含め完全一致」のボックスに「民主主義の発見（discovering democracy）」と入力する。そこで「サイトまたはドメイン」には 'det.nsw.edu.au'（www は必要ない）と入力して「詳細検索」のボタンをクリックする。すると，Google は通常検索のページで検索ボックスに '"discovering democracy" site: det.nsw.edu.au' と表示された検索結果を示す。Google はキーワードの情報に対しそのサイトだけの情報を検索する。このテーマのそのサイトの情報の一覧を見て，discovering democracy に関する最も適切と思う情報を一つ選択する。

図2.8　学校の教員のための効果的な検索に関する研修内容からの抜粋

　図2.8 は学校での効果的な検索についての研修の計画書である。学校の司書教諭が教職員と管理職と協議の末に示すことができた。ノテス（2006）は実務研修の重要な点の一つが指導者は研修を受ける教職員について知るべきであると指摘する。司書教諭と情報システム担当者が直面し，乗り越えなければならない問題の一つは教職員が効果的な検索をするために必要な知識と

自信の水準を見出すことである。効果的な検索についての研修を行う前に教員たちに質問用紙に記入させるとよい。この項目には教員たちがもっている検索エンジンの知識，検索をする習慣，検索に対する自信が含まれる。どんな学校でも実務研修では効果的な検索についてのあらゆる知識と技能を十分に取り扱うことは不可能であり，そのため司書教諭は研修を受ける教職員に最も役に立つことが何であるかに注意深く関心を向けさせる必要がある。図2.8 は半日の 12 人の教員にむけて行う内容を示している。

第 2 章のまとめ

　世界中の学校の教室と図書館（室）で情報通信技術（ICT）を使うことがますます強調されてきたことで，生徒たちと同様に教職員がウェブ情報を効果的に使えるようになるのが当然のこととなっている。検索エンジンとディレクトリから適切な情報，考え，概念を発見して活用できることは教員と司書教諭が身につけて向上を図る重要な技能の一つと見なすべきであろう。効果的な検索の技能は学校での情報活用能力に関連する知識・技能の一部であり，情報活用能力を身につけた教員と司書教諭を雇用することが学校の教育の質的向上につながる。

参考文献
Boswell, W. (2010) *How to Search the Web Faster, Easier and More Efficiently*,
http://websearch.about.com/od/searchingtheweb/tp/web_search_simple.htm.
Carlson, C. (2002) *Notes from the Trenches: the seven commandments of highly effective searching*,
http://www.llrx.com/columns/notes54.htm.
Hock, R. (2007) *The Extreme Searcher's Internet Handbook: a guide for the serious searcher*, 2nd edn,
　　Cyberage Books.
Notess, G. (2006) *Teaching Web Search Skills,* Information Today.
Shambles.net (2010) *Google Earth Lessons,*
　　http://www.shambles.net/pages/learning/GeogP/gearthplan.
UC Berkeley Library (2009) *Finding Information on the Internet: a tutorial,*
　　http://www.lib.berkeley.edu/TeachingLib/Guides/Internet/Strategies.html.

第**3**章

ウェブサイトを評価する

この章を読むと
・ウェブサイトの評価基準を批判的に考察できる
・ウェブサイトを評価するとき教育的視点での基準の重要性が理解できる
・教育的,技術的,信頼性の視点での基準によってウェブサイトを評価する
・学校の教職員のためのウェブサイトの評価に関する実務研修を実施できる

はじめに

　21世紀の学校において,ウェブ上に存在する情報源が教員と司書教諭,生徒たちには情報にアクセスするために当然の手段になりつつある。この章では,教員と司書教諭がウェブサイトを評価できるようになることに重点を置く(第7章ではウェブサイトの評価法を生徒たちに教える方法について考察する)。手がかりを得るためのウェブサイトの効果的な評価は見過ごすことができない。教員と司書教諭が授業で使えそうな,あるいは生徒たちが使えそうなウェブサイトを検索するとき,有益かどうかを評価すれば最適なウェブサイトを確実に発見できる。

　第3章では,ウェブサイトの評価基準を紹介して,その実例を批判的に分析する。著者自身もウェブサイトの評価基準を作成して,学校の教職員がウェブサイトの評価を実践できるものにしたい。この章の最後に教職員を対象とするワークショップの例を示して,それぞれの学校で対応できるようにしたい。多くの学校でウェブサイトを効果的に評価する技能を重視しないが,学校でますますウェブサイトが使われるならば,この技能は今日の教員と司書教諭にとって基礎能力の一つとなる。

ウェブサイトの評価基準
なぜウェブサイトを評価するのか？

ブラウン（Brown, 2002）は，教員と司書教諭がウェブサイトを評価しなければならない理由を次のように指摘している。

◆指針がない―ウェブサイトでは誰でも情報を発信できる
◆チェック体制が整っていない―出版される図書と異なって，ウェブ上に発信された情報は校閲や編集をほとんど行っていない
◆作成者の表示がない―ウェブ上の多くのコンテンツは全世界の一部の少数派が発信していて，多くの国々では，とりわけアフリカでは，作成者の表示がない
◆偏った考えの可能性がある―ウェブ上では人々がウェブサイトに主張を加えることができる。ウェブ上には商業コンテンツもあり，偏った考えを示す可能性を増している

ブラウン（2002）は「教員と生徒が使えるチェック表こそが，インターネットで遭遇する情報の有効性と資質に関する批判的思考の技能と常に疑問をもつ意識を高める」と論じている。教員と司書教諭がウェブサイトを評価する最大の理由は，生徒たちに教えるためと生徒たちに使わせるために最適な情報を使うという職業上と倫理上の責任があるからである。そのためにウェブサイトの評価は真剣にならざるを得ない。それは効果的であって，粗雑であってはならない。もし教員や司書教諭がウェブサイトを粗雑に評価すれば，つまりウェブサイトのコンテンツや外見をちらっと見るだけで評価すれば，ウェブサイトは部分的に信頼できないものとなり，教育や学習に適さないものとなる危険性が生じる。教職員がウェブサイトを評価して，ウェブサイトの評価基準の質についても検討するとき，使用するウェブサイト（含まれるウェブページ）が目的に合致することを確実にして，生徒たちの専門的な研究に取り組むグループとの教育活動と学習活動の促進にもなる。

ウェブサイトの評価基準

ウェブサイトの評価基準は，学校と大学で作成されたものがウェブ上で多く散見できる。こうした応用範囲の広い評価基準のチェック作業は司書教諭に任されていて，質のよい評価基準について教員へ有益なアドバイスを与えるのも司書教諭である。小学校，中学校，高等学校のそれぞれの学校に，最適なウェブサイトの評価基準はなく，そのなかには教員と生徒の関心と要求に対応して，少しでも役に立ちそうな評価基準がある。

第2部　コンテンツ　次の質問に Yes か No か答えてチェックしなさい。	Yes	No
タイトルはコンテンツを的確に示しているか		
トップページにウェブページの目的が示されているか		
このウェブサイトが作成された年月日がわかるか		
もし年月日がなかったならば，情報が最新であるといえるのか		
最新の情報は探索する目的に適しているか		
ウェブページで発見した情報は目的に役立つか		
他の情報をもっと簡単に見つけることができたのではないか		
他の情報は違っていなかったか　どうして違っていたのか，あるいは違っていないのはなぜか （自由記述欄）		
その情報は役に立つ情報源（印刷資料とウェブ情報）に導いてくれたか		
印刷資料の参考文献が付いているか		
情報に偏った考えが見られたか（一面的な考え，反対の立場からの批評など）		
その情報は他に見つけた情報と対立しないか		
図像がウェブページの内容の補助的な説明として使われているか		

図 3.1　シュロックの教員のためのウェブサイト評価のガイド

（http://kathyschrock.net/eval/pdfs/evalteacher.pdf の一部を翻訳）

シュロック（2009a）の学校の教職員向けのガイドでは評価方法を掲載していて，インターネットからダウンロードできる。そのガイドには教員と司書教諭に対する（生徒たちが使うというより教職員自身が使う）資料の探し方とウェブページの内容についてのアンケート（図3.1）がある。そのアンケートはウェブサイトの評価基準にも及んで，その他の情報源のほうがよりよい情報を提供するか，ウェブページがオンライン情報と印刷資料を利用者に参照するように示しているかの質問も含む。ウェブページの内容が利用者の要求に全体的に，あるいは部分的に合致しているかという質問も有益である。シュロックの評価方法は教職員の間で配布され，司書教諭がアンケートの重複を防ぐためにまとめ役になるだろう。

シュロックは他にも学校の教職員と生徒向けのガイドを作成している。その一つが『ウェブサイトの評価：5つのW』（The 5 Ws of Website Evaluation（2009b））である。

誰が（WHO）：誰がそれらのページを書き，作成者は専門家なのか？　作成者の略歴はあるか？　作成者について詳しく知るにはどうしたらよいか？

何を（WHAT）：そのサイトの目的として作成者は何を言っているのか？ほかに作成者が考えていることは何か？　このサイトが使いやすい理由は何か？　含まれている情報は何か？　そして，この情報は他のサイトと何が違うのか？

いつ（WHEN）：そのサイトはいつ作成されたのか？　それはいつ更新されたのか？

どこ（WHERE）：その情報はどこから来たのか？　そのサイトの後援者について詳しく知るにはどこを見たらよいのか？

なぜ（WHY）：この情報はなぜ自分の目的に役に立つのか？　なぜこの情報を使うのか？　なぜこのページがほかのページよりもよいのか？

これらの質問の中で最も重要なのは，最後の質問の「この情報はなぜ自分

の目的に役に立つのか？」である。

　大学で学生向けに作成されたウェブサイトの評価基準が多くあるが、相当高いレベルの言語能力と知的能力を必要とするので、教員と司書教諭には役に立つことはあまりない。第7章で取り上げる生徒のための評価ガイドは学校の生徒たちを助けるために簡単な言葉を使っている。その典型的な例がクィーンズランド大学図書館の例（2008）である。この評価基準では多くの重要な点を指摘していて、とりわけ学校の教員が学ぶことは多い。たとえばウェブ情報だけが情報源ではなく、図書や雑誌記事のほうが質の高い情報を提供することがあるという指摘である。このガイドは利用者にサイトの作成者、作成日、サイトの目的、扱う領域、文体、言語に目を向けるように働きかける。学校の教職員には有益なガイドであるが、すでに述べたシュロックのガイドのように、利用者にウェブサイトの評価のために利用者自身の目的を探求させることはしない。教員や司書教諭が構成主義的な教育方法で知識を広げたいと望むなら、学術的に権威があり、しかも使用言語レベルの高い説明がされているサイトを求めることになる。

教員と司書教諭のためのウェブサイトの評価：ガイド

　著者自身は教員と司書教諭が行うウェブサイトの評価の重要な点を教育的な基準、信頼性の基準、技術的な基準として考察する。理想的には教職員もこの順序で基準について考えてほしい。

教育的な基準

　教育的な基準は学校における学習と教育に関連する。つまり、何が教えられているのか（教育課程）、どうやって教えるのか（教育方法）、どんな生徒が学ぶことになるのかである。教育的な基準が主に用いられるのには特異性がある。教員と司書教諭はウェブサイトを一般的な視点で評価せず、大変特殊な視点で評価する。「このサイトはこの生徒のグループが彼らの読解力のレベルで特定のテーマについて学ぶのに有益であるか」という質問は「このサ

イトは生徒たちが使うに適しているだろうか」という質問より重要である。第9学年を担当する教員が地球温暖化による南極大陸への影響の可能性について学ぶ彼女の生徒たちのためにウェブサイトを探すとき，最初に平均的な読解力のあるクラスの生徒たちの多くにサイトが適しているかを教員は考える。そのサイトがこの判断基準に合致するならば，サイトを選ぶ。こうして教員は読解力の平均的なレベルよりも低い生徒たちに適した，他の難しくないサイトも探す。教員は他の教育的な基準を参照して，常に教えられていることと学ばれることの目的に照らし合わせる。たとえば，南極について学ぶ授業の目的の一つは生徒たちが気候変動に関して理解したことをグラフに表現することである。教員はこのテーマを学ぶ生徒たちに関する基準を応用してサイトを評価する。最初のサイトがこの基準に合致しなければ，教員は他のサイトを選ぶことになる。

　教育的な基準を応用して評価する前に，教員と司書教諭は次のように自問する。

- ◆教えようとしている授業の目的は何か
- ◆このクラスの生徒たちの読解力の差はどのくらいか
- ◆生徒たちにどのような活動に取り組ませたらよいか
- ◆違いを考慮に入れて，このテーマに関するウェブサイトをいくつか探せるか
- ◆ほかの教員がこのテーマについて使った資料を探したか

教育的な基準を応用すれば，教員と司書教諭は次のように自分に問う。

- ◆このサイトは自分の考えている目的に適しているか（歴史の教員が第二次世界大戦の原因を第11学年の生徒たちに教える3回の授業で）
- ◆このサイトは自分の考えている目的に対して幅広い内容を含んでいるのか，それとも専門的な内容なのか（教員がカンガルーとその生息域に関す

る初歩的な情報（幅の広い内容）をクラスの生徒に見せたいのか，ハリモグラの生息域に関する専門的事項（専門的な内容）をクラスの生徒に見せたいのか）
◆このサイトで用いている言語レベルはどのくらいか（一つの大きなサイトで，風力発電のタービンの仕組みについて技術的と言えない言葉で説明している個所があり，他の個所では風力発電のタービンの機械構造をきわめて技術的に詳しく説明している）
◆このサイトについて生徒たちが取り組める活動はあるのか（第8学年の理科の授業で光合成について学ぶとき，生徒たちをサイトのオンライン実験に参加させて学ぶ価値があるのか）
◆このサイトは生徒たちの一部に学ぶ意欲を起こさせるのか，それとも生徒全員に学ぶ意欲を起こさせるのか（シェイクスピアの演劇を学ぶ第10学年の生徒たちは動画で演じられている劇を見たり，俳優たちのインタヴューを聴いたりすれば，真剣に取り組むようになるだろう）
◆このサイトの画像・映像情報は生徒たちに重要であるか（第7学年の地理の授業には画像・映像情報から学ぶ生徒が多く，興味をかきたてて，しかも情報量の多く，画像・映像情報を含むサイトを見せると活発に学ぶようになる）
◆このサイトは生徒たちの学びの幅を広げるようになるか（家族の絆の大切さを訴える小説を読む第5学年の生徒たちには実際の家族の問題を取り扱った小説に関するサイトから学び取ることが多い）

信頼性の基準

　これまで述べてきた教育的な基準のすべて，あるいは大部分にウェブサイトを照らし合わせたら，教員と司書教諭は選んだサイトが教育活動の目的・学習活動の目的に適しているかをほかの基準でも検証する必要がある。信頼性の基準ではサイトの情報が信頼できるかの程度を評価する。スコットランド図書館情報協議会（SLIC）では「有効性（validity）」という用語で「情報の有効性のための基準には信頼性，正確さ，普及度という3つの基準がある」と説明している。SLICは「信頼性」を「ウェブサイトに直結した専門性と

高い評判であり，偏見もない，検索されるテーマすべてに公平な重点の表れ」と定義している（SLIC, 2006）。ジョンソン（Johnson）とラム（Lamb）（2007）は信頼性をウェブサイトの発信元に関係することして，その情報の確からしさであると論じている。彼らは次の質問を投げかける。

◆その情報源は信じる価値があるか。その情報源をどのように判明するか
◆その情報の発信元に出資しているのは誰か
◆その情報は学校のサイト，ビジネスのサイト，会社のサイトの，どのサイトが元になっているのか
◆その情報の目的は何か，広報なのか，教育なのか，説得なのか，それとも販売なのか
◆作成者たちの動機は何か

著者は，教員と司書教諭がウェブサイトの信頼性を判断するとき表3.1の活用を勧めたい。

技術的な基準

ウェブ上で見られるほとんどすべてのウェブサイトの評価基準には技術的な基準の部分があり，最初に位置している。著者自身の見解ではウェブサイトの技術的な点と今日の生徒たちに主に視覚に訴えるウェブサイトを示すことを強調しすぎる傾向がある。技術的な基準は重要である。たとえばウェブサイトをダウンロードするときに時間がかかるなら，続ける必要はない。それでも，教員と司書教諭には教育的な基準と信頼性の基準を**優先して**，その次に技術的な基準を考えることのほうが重要である。信頼性があって最適な内容があり，用語のレベルも適当で生徒たちが学ぶテーマとも関連性のあるウェブサイトが，他のサイトよりも技術的に劣っているからといって，排除してはならない。シュロック（2009a）の教員向けの批判的な評価調査では技術的な評価の中で，特にページのデザインとレイアウト，画像と写真，ほか

表3.1 ウェブサイトの評価：信頼性の基準

質問	ウェブサイトの信頼性を判断する点	具体例
このウェブサイトを作成したのは誰か	作成者が個人なのか団体なのかを明らかにする。	ウェブサイトは大学の学部のものである。
	この個人や団体が信用できるのかを明らかにする。作成者は政府機関の部局である。あるいは，この分野の専門家のように認められた人物である。	作成者はこの分野では一流の科学者である。
	必要があれば，作成者と連絡が取れる。	e-mailで連絡が取れる。
このサイトが最近更新されたのはいつか	ウェブサイトが更新された日時の表示があり，更新された証拠も見つかる。（サイトの更新日付が自動的に変更されることに注意したい）	サイトの「更新」日付が最近であれば新しい情報が含まれるにちがいない。
	サイトの中には10年以上前の情報があるかもしれないが，今でも大変役に立つことがある。その情報が今でも通用するのか，情報が古すぎるのかを区別する表示がある。	政府のサイトには1990年代からの衛生統計があり，最近の統計と比較もできる。
このサイトは最新情報か	このサイトの情報は現在でも通用すると思われる。現在の政治的，経済的，社会的な参考情報が示されている。	報道サイトは最新の政治に関するニュースを伝えてくれる。
このサイトはどのくらい正確か	このサイトの情報がほかのサイトの情報と異なることを確かめたり，またこのサイトからほかのサイトへリンクしたりできる。	調査に基づいた意見を述べているウェブサイトである。特に医療情報は注意したい。
このサイトは不当な偏見に基づいていないか	さまざまな人の視点を排除した，偏った考えの全くないウェブサイトはあり得ない。政府機関のウェブサイトと反対政党のウェブサイトは国の経済状況について述べているが，違う結論になり，それぞれの視点に不当な偏見がない。	環境運動団体のサイトはその目的を明らかにして，政治的な誓いを表明している。
	信頼できるサイトは人種差別，性差別，過激な政治的な考えは示さないし，その他の誤った考えも示そうとはしない。	偏見のない情報を提供するサイトもある。マーチン・ルーサー・キング牧師に関するサイトは過激な政治姿勢や人種差別に反対する。
このサイトは利用者を誤った理解へ導こうとしていないか	ウェブサイトの機能はきわめて明らかである。商業サイトが教材を売っている場合，それ以外の目的を偽ることはない。利用者を誤った理解に導くことはない。	フローチャート・ソフトウェアのように，「無料」を広告している教育用ソフトウェアがある。「無料」ソフトウェアであっても，短期使用の試行品であったり，機能の一部のみ使える製品であったりする。

のサイトへのリンクを取り上げている。著者自身は教員と司書教諭がウェブサイトの技術的特徴と機能に目を向けるときに次の質問を投げかけることを勧めたい。

- ◆そのウェブページは適当な時間でダウンロードできるのか（この件はウェブサイトを使う人による。教員や司書教諭が利用者なら、ダウンロードが遅くても問題ない。生徒たちにとってはもっと重大である）
- ◆そのサイトの周辺を探索するのは容易か（生徒たちのためにウェブサイトを選ぶなら、探索が容易なことは重要である。生徒たちがリンクをたどっていくうちに見失ったり混乱したりしないかを確認しておかなければならない）
- ◆ウェブページの文章の分量が多すぎたり、少なすぎたりしていないか（この件も利用者による。中学校の高学年の生徒たちや高等学校の生徒ならば多少分量が多くても問題ないが、小学校の高学年や中学校の低学年、高等学校の生徒でも多すぎるテキストの分量は避けてしまうかもしれない）
- ◆ウェブサイトの画像、写真、動画、図表は必要か（ウェブサイトに文章以外の要素が多すぎると、生徒たちは混乱してしまい、主に文章に表わされているサイトの重要な内容に集中できなくなる恐れがある）
- ◆リンクはすべて機能しているか（教員や司書教諭に勧められて生徒がリンクの機能しないサイトを使ったら、他のサイトを勧められても使う気は起きないかもしれない）
- ◆視覚で不自由を感じている生徒たちへの配慮はあるか（ウェブサイトはすべての生徒たちが見られる機能をもっているべきで、ウェブサイトの設計に色の使い方とハイパーリンクの状態などの点を考慮に入れるべきである）
- ◆利用者が3回クリックで目的の情報にたどり着けるか（ポーター（Porter, 2003）の研究によれば以前より重視されていないが、3回クリックのルールはウェブサイトの設計のガイドブックにはよく引用されている）

実務研修

　ウェブサイトの評価についての研修を受けるすべての教員と学校図書館職員に当てはまる事例がある。世間一般には多くの学校ですべての教員が効果的なウェブサイトの評価の重要性と基準について意識していると思われているが，その思い込みは間違いである。司書教諭は自己研修や職務向上にウェブサイトの評価を視野に入れてきたかもしれないが，教員はそこまで深く考えていないようである。司書教諭と教員は実務研修でほかに取り上げるべきテーマがあっても，ウェブサイトの評価を優先するように話し合ったほうがよい。教育と学習に必要な情報源であるウェブサイトを教員がますます使うようになることを話し合えば，実務研修への要求を通せる。実務研修はウェブサイトの評価の教員の能力を向上させ，教員があらゆる教科のウェブサイトの評価の向上させることで学校内の施設・設備も含む情報源の資質の向上と共有化が図れる。教員がウェブサイトの評価の研修を受ければ，その専門性を生徒たちへ容易に伝えることもでき，ウェブサイトの評価の能力を生徒たちに浸透させることになる。図3.2は学校の教員に対する実務研修の概要の一例である。この研修はそれぞれの学校の状況に合わせて変更できる。

第3章のまとめ

　教員と司書教諭はこれからウェブ上の資料をさらに使うようになる。入手できる情報の質に膨大な種類があると考えると，ウェブ上で発見した情報を評価することを徹底する必要性がある。教職員のウェブサイトの評価が熟達して，これまで述べてきた基準を応用すると，教員が使う情報源が教育をするうえで必要なものに近づける方法を見出せる。教員と司書教諭は自分たち自身のためだけでなく生徒たちの学習に役立つ質の高い情報源を検索して使いたいならば，ウェブサイトの効果的な検索とウェブサイトの効果的な評価をともに行うべきである。

教育と学習のためのウェブサイトの評価：教員のためのワークショップ

目標
・教員たちに学校全体で使うウェブサイトの評価基準を策定させる
・教員たちが策定した基準とジェームス・ヘリング氏の教育的な基準，信頼性の基準，技術的な基準を比較する
・生徒たちにウェブサイトの評価について教える方法と学習過程全体でこうした評価能力を浸透させるかを話し合う

作業
1. 教員たちを 4 人，5 人のグループに分ける。各グループはさまざまな教科の教員が混ざるようにする。
2. 教員一人ひとりが 3 つのウェブサイト（下記参照）を見て，基準を使って問題点を評価して書き込む。(**10 分**)
3. グループで教員たちはそれぞれが書き出した基準を比較して，ウェブサイトの評価についてのコンセプト・マップを用意する。コンセプト・マップを研修会場の壁に貼り付け，教員たちはコンセプト・マップを見てまわり，読む。(**20 分**)
4. 各グループでコンセプト・マップに書かれた基準について短い話し合いをする。(**5 分**)
5. 各グループではジェームス・ヘリング氏の教育的な基準，信頼性の基準，技術的な基準と自分たちのコンセプト・マップを比較して，学校全体で使えそうな基準を書き上げる。(**10 分**)
6. さらに学校全体のウェブサイトの評価基準に何が必要かを，自分たちのコンセプト・マップとヘリング氏のリストを考えに入れて，話し合う。(**10 分**)

ウェブサイト
　各グループには学習課程の異なる教科領域の 3 つのウェブサイトのリストが配られる。少なくとも 1 つは教員の教育や教科の知識に関するサイト（たとえば「教室で Wiki を使う」というサイト）であり，残りの 2 つは学習過程に関連するサイトである。選ぶウェブサイトは質の高いサイトであり，主に文字情報であるが視覚的な情報も多く含んでいるものとする。すべてのグループが同じ 3 つのウェブサイトを評価してもよいし，それぞれのグループがそれぞれ異なるウェブサイトでもよい。

配布物
　この研修時間にはジェームス・ヘリング氏の基準のリスト（すべて許諾を得ている）とシュロックやジョンソン，ラムのウェブサイトの評価基準のリンク集を掲載した配布物を配る。

図 3.2　教師向けのウェブサイト評価の実務研修の概要

参考文献

Brown, J. (2002) *Why Evaluate Web Information*,
    http://education.illinois.edu/wp/credibility/page2.html
Johnson, D. and Lamb, A. (2002) *Evaluating Internet Resources*,
    http://eduscapes.com/tap/topic32.htm
Porter, J. (2003) *Testing the Three Click Rule*,
    http://www.uie.com/articles/three_click_rule/
Schrock, K. (2009a) *Critical Evaluation Surveys*,
    http://kathyschrock.net/eval/pdfs/evalteacher.pdf
Schrock, K. (2009b) *The 5 Ws of Website Evaluation*,
    http://kathyschrock.net/abceval/5ws.pdf
Scottish Library and Information Council (2006) *Validity of Information*
    http://www.ictl.org.uk/U1O3CG/index.htm
University of Queensland Library (2008) *Internet Resource Evaluation: how-to-guide*,
    http://www.library.uq.edu.au/how-to-guides/internet-resource-evaluation

第4章

Web2.0 と学校教育

この章を読むと，
・Web2.0 を理解し，Web2.0 にはどんなトゥールがあるのかがわかる
・学校での Web2.0 の使い方を批判的に評価できる
・Web2.0 のトゥールの知識を学校で応用できる
・ウェブ情報の将来を予測できる
・学校で教職員向けの Web2.0 の実務研修を始められる

はじめに

　過去5年間，ウェブ情報の世界では数多くの新しい進展があり，その中でも特に Web2.0 が教員と司書教諭にさまざまな新しい考え，発想，そして使えるトゥールを提供してくれる。Web2.0 は生徒たちの互いの伝達手段として，また学校の内外での文字情報と画像情報の作成，発見，やり取りもできるように変化してきた。ウェブ情報の使い方に革命が起きた。教員も司書教諭も生徒たちも受身のウェブ情報の利用者ではいられない。情報の活発な創造者となり，ほかの利用者が発信した情報へ活発に応答する者になってきた。

　今の学校の現状では Web2.0 の存在そのものは生徒たちが自然の成り行きで効果的な学習者になること，そして教員が効果的な教育者になることを保証していない。ブログ，ウィキ，その他のアプリケーション・ソフトウェアなどの Web2.0 は，学習の機会をつくり教育を向上させるトゥールとして使われなければならない。教員が未公開のウェブサイトのリスト集にしたり，以前に印刷した配布物を公開したりするのにウィキを使うだけなら，Web2.0 を創造的に使っていない。Web2.0 は学校の学習と教育の現状そのものを反映させる必要がある。この第4章では，Web2.0 とは何か，そして特

色あるトゥールであるブログ，ウィキ，ソーシャル・ブックマーク，フォト・シェアリング，ソーシャル・ネットワーキングを検証する。

Web2.0 とは何か

　オコンネル（O'Connell）は「Web2.0 は基本的に利用者参加型であり，暗号，内容(コンテンツ)，発想を共有する伝達手段であり，集団のつながりを円滑にするものである」（2006, 46）と論じている。Web2.0 の登場によってウェブの世界（WWW：World Wide Web）の発展は新しい段階を迎えたと言ってよい。以前のウェブ情報は主に静的で非双方向で，多くのウェブサイトは企業や大学，研究所が作成していた。それに対し，Web2.0 は動的で双方向性をもつと考えられ，多くのウェブ情報の操作は情報と発想の共有化を行うものである。また，ウィキ（後述）のような新しいウェブのソフトウェアでは，多くの人々がウェブの内容(コンテンツ)をより簡単に作成できるようになった。要するに，ウェブ情報は大勢の者たちが参加でき，より民主的になってきた。ウェブ 2 チュートリアルでは「ウェブは二通りの使われ方になってきた。毎日，誰もが内容(コンテンツ)をつくってきたし，今もつくっている。その状況は 2007 年までにウェブの第 2 世代に取って替わられた。Web2.0 の登場である。ウェブは読み書きの手段として知られているが，同時に新しいウェブの世界では創造を育む基盤をつくり，教育的な活動に取り組める」（2008）と述べている。よって Web2.0 は司書教諭と教育関係者にさまざまなソフトウェアを提供して，情報活用能力を向上させるのに役立つ。生徒たちが情報へアクセスするための仲介手段となり，ウェブの世界での創造的な参加を促し，司書教諭と生徒たちと教員の協働の場となる。

ブログ

　ブログ（Blog）は，もともと Weblog と呼ばれていたが，いろいろな目的に使われる。一人のブログなら，そのブログ作成者が記事を書いて，ほかの人たちが読む。教員と司書教諭に向けてのブログには次のものがある。

◆ James Herring's Blog（http://jherring.wordpress.com）
◆ Judy O'Connell's HeyJude（http://heyjude.wordpress.com → http://judyoconnell.com）
◆ Doug Johnson's Blue skunk Blog（http://doug-johnson.squqrespace.com/）
◆ David Warlick' 2Cents Worth（http://davidwarlick.com/2cents）

　これらのブログは教育関係の情報提供と楽しい話題も提供している。また，学校教育に関して要点となるテーマ，特にICTの使い方とウェブ情報に関する最新の論点も読者に提供している。こうしたブログには教員と司書教諭が直ちに使える事項が取り上げられている。図4.1はHeyJude Blogである。
　ブログは教員と司書教諭がさまざまな目的で使うことができる。Edublogs（2008）ではブログの使用について次のように示す。

◆生徒たちが図書館やオンラインでアクセスできる情報源のリストを掲示できる。
◆個人のプライバシーのようなテーマについて生徒たちとの話し合いの場を提供できる。
◆新着図書の画像を紹介するなど，ブログを図書館からのお知らせとして使える。
◆ほかの教員と授業計画を共有できる。たとえば，司書教諭がどのように情報活用能力の授業で教えるか，情報活用能力を教室の生徒たちに浸透させるにはどうするかをブログで説明する。

　学校のブログでは，文章を書き込むだけのブログから双方向のブログに発展したものもある。文字情報と視覚情報を含むブログもあり，生徒たちの教科学習と能力習得，議論の場として使われているブログもある。図4.2は司書教諭が運営しているSt Andrews Lutheran Collegeの図書館のブログである。このブログでは生徒たちが学校の課題やリクリエーションで読んだ本の感想

を書き込める。

The book is dead – long live the book

So much is said and written about the 'demise' of the book these days. However, amongst the media hype and one-eyed negativism that sometimes abounds – there are also rational evangelists who focus on knowledge, culture and the role of digitised text in extending the possibilities for humanity.

At a recent conference hosted by the Association of Independent Schools, I encountered just such an evangelist. Sherman Young, who writes The Book is Dead blog as a companion to his book by the same title (download the first chapter), tantalized the audience with his presentation 'The Book is Dead'.

Sherman kept the BOOK right in perspective – both past forms and future possibilities were discussed.

Book culture is too often confused with reading culture – and it is this reading culture that Sherman explained as **'long-form' text**. A book is a process – it requires time to write and time to read. A book makes premium demands of authors and readers: a writer can reflect and dig deeper into ideas, subtly constructing reality, thereby encouraging analysis, thought, reflection. In fact, in a book the creation of a new reality is delegated to the reader.

Sherman reminded us that in fact BOOKS HAVE BEEN DIGITAL FOR ABOUT 20 YEARS!!

図 4.1　Judy O'Connell のブログ　　　　　　　　　（http://heyjude.wordpress.com）

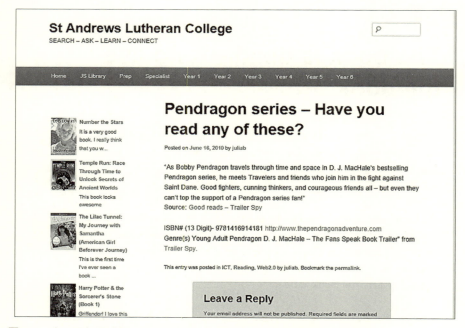

図 4.2　オーストラリア St Andrews Lutheran College の図書館のブログ

(http://salcjs.edublogs.org/)

ウィキ

　ラムとジョンソンは「ウィキとは協働でつくり上げるウェブサイトである。……ウィキはウェブ技術に基づいた開かれた編集トゥールであり，多くの参加者が入力，投稿，運用，ウェブページの更新が簡単にできる。ウィキのシステムは簡単にインストールでき，投稿者は特別なソフトウェアを必要としないので人気がある」(2007, para 2) と述べる。教員と司書教諭にとって，生徒たちのための学習用ウェブサイトを作成して生徒たちを学習活動に取り組ませる点で，ウィキはブログよりも多くの機会を提供してくれる。

　ウィキを作成する司書教諭や教員が思い浮かべるのは，学校限定の使用のウィキである。ウィキは生徒たちのための情報源のリスト作成に使えるし，また生徒たちが発見した情報源を付け加えることができる。ウィキはブログ

よりも幅広く使える。生徒たちのための情報源を掲載できて、さらに生徒たちが学習したこと、生徒たちの課題学習の成果、生徒たちへ向けての情報活用教育のアドバイスまでも掲載できる。ウィキは文章、イラスト、写真、動画を掲載できる。

　ウィキの創造的な使い方には生徒たちの文章を書く能力の向上に活用しているマクファーソン（McPherson）のウィキの例がある。マクファーソンは「ウィキは生徒たち自身からインターネットにアクセスして、世界中の誰もが認証を受けると生徒たちと交流できる。もう一つの方法として、協働して書く環境を与えていることで、生徒たちが積極的に文章を書く経験を増して文章を書く能力を向上させる可能性を広げる」（2006, 70）と述べる。ブリスコ（Brisco, 2007）は、教員と司書教諭のためにウィキのトゥールの選択に関する役に立つガイドを発表している。Wikispaceなどのトゥールについては第7章で詳しく取り上げたい。

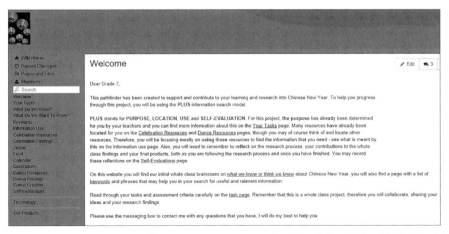

図4.3　ノルウェーのアレンダル・インターナショナルスクール第7学年の生徒が作成した中国の春節に関するウィキページ

（http://chinesenewyearcelebration.wikispaces.com/Welcome）

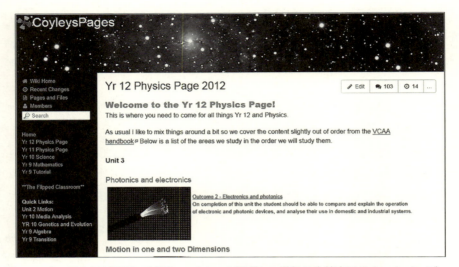

図 4.4　オーストラリアのマリアン・カレッジの第 12 学年の生徒向けのウィキページ
　　　　　(http://coyleyspages.wikispaces.com/Yr+12+Physics+Page+2012)

　教員と司書教諭にとってウィキの重要な点の一つは，使い方が簡単なことである。ウィキは基本的には利用者が書き込みできる，まっさらなウェブページである。図 4.3 はノルウェーのアレンダル・インターナショナル・スクールの司書教諭が作成したウィキのページである。このウィキは生徒向けのガイダンスが用意されて，生徒たちは司書教諭と連絡ができて，自己評価も書き込める。図 4.4 はオーストラリアのマリアン・カレッジの理科の教員が作成したウィキである。生徒たちが使う授業の概要とオンラインの情報源の詳しい情報と同時に，「ディスカッション（話し合い）」のページには生徒たちが質問して，教員がオンラインで答えて，その答えをすべての生徒たちが見られるようにしている。

　ウィキは学校の教職員の情報源として使うこともできる。その優れた例の一つがニュージーランドのネルソン・セントラル・スクールのウィキである。この学校では ICT を使った発想を集める場を創設して，ICT のトゥールを使った教職員の記録が残されている。教職員が Web2.0 を使ってわかった

ことや，Web2.0のおかげで知識が刷新できたことを参考となる事例として掲示している。この学校では毎週，ウィキを活用して「TechBrekkie」という授業時間を設けている。このシステムは新人の教職員がウィキについて学ぶのにとても役に立ち，長く在籍している教職員と新人の教職員が協働して学校でICTを基盤とした資料活用を進展させるのにも役立っている。このウィキの優れた点は，世界中の学校がウェブ（http://nelsoncentral.wikispace.com）を通じて，そのシステムを使うことができることである。図4.5はこの学校のICTウィキの「Inspiration」を使うガイドの一部である。

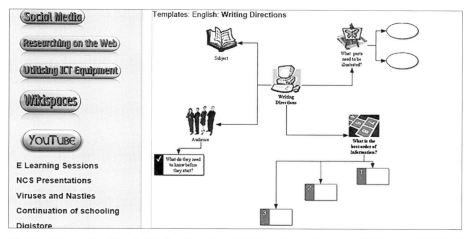

図4.5 ニュージーランドのネルソン・セントラル・スクールのICT職員による発想方法のアドバイス　　　　　　　　　　　　（http://nelsoncentral.wikispaces.com/inspiration）

ソーシャル・ブックマーク

オコンネルは「ソーシャル・ブックマークとは，Del.icio.usのようにウェブサイトがたどることができて，ウェブサイトに注釈を付けて，情報を分野に分けるためにキーワード（タグ）を付けるトゥールである。自分のコンピュータのブックマーク［訳注：Microsoft Explorerでは"お気に入り"］が乱雑でも，ホルダーの順番に並べ替える」（2006, 47）と述べている。ソーシャル・

ブックマークは Web2.0 のもう一つの協働・共有システムであり，他の人たちが登録したウェブサイトを探して活用できる。ステファンズ（Steffens, 2008）は Diigo（www.diigo.com）に注目して，教員と司書教諭が Diigo にブックマークをアップロードすると Diigo に保存される方法を概説している。ソーシャル・ブックマークの利点は，ブックマークが付けられたサイトへのアクセスが学校の1台のコンピュータに限られていないことであり，ブックマークが付けられたサイトには最近，検索した利用者によってタグというアクセスしたことを示す付加情報が付けられる。ステファンズは「たとえば，幾何学を学ぶ生徒たちの役に立つサイト，データ解析のウェブサイト，ギリシア神話の単元のブックマークのそれぞれにタグ（付加情報）を付けておくことができる」（2008）と述べている。

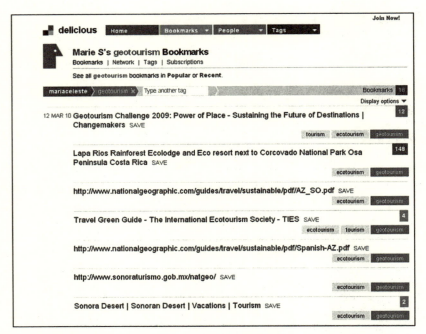

図4.6　米国のトロイ高等学校のジオツーリズムに関するソーシャル・ブックマーク
（http://www.delicious.com/mariaceleste/geotourism）

米国のトロイ高等学校では，司書教諭が教員たちと生徒たちとともに緊密に連携して，Sqworl（http://squworl.com），Diigo，Delicious（http://delicious.com）のようなソーシャル・ブックマークのサイトを活用している。図 4.6 は，スペイン語圏のジオツーリズムに関するサイトを検索したスペイン語の教員がブックマークを付けたサイトの例である。この学校では，司書教諭が Delicious を使って自分のサイトにブックマークを付けるだけでなく，ほかの教員が付けたテーマのブックマークからも学んでいる。この学校の司書教諭と教員たちは，生徒たちが使える情報源を仲介して提供できることで生徒たちのテーマについての関心が高まり，意義のある検索に打ち込めるようになったと認識している。この学校の教職員は，生徒たちにブックマークをもっと活用して，課題学習で使ったときにブックマークを付けたサイトに注釈を付けるように指導している。[訳注：日本には類似のサービスとして，「はてなブックマーク（http://b.hatena.ne.jp/）」などがある]

ポッドキャスト

イーシュ（Eash）はポッドキャストを「画像や動画も提供できる電子ファイル」（2008）と表現する。教員と司書教諭はポッドキャストを，Audacity（http://audacity.sourceforge.net）のようなソフトウェアを用いて，視聴できる放送として使う。（音声ファイルを）MP3 形式で保存して，（備え付けの）コンピュータやラップトップ・パソコン，MP3 プレイヤーで聴くことができる。これにより教員の教育活動の質が高まる。何回も再生できて，備え付けのパソコンやラップトップ・パソコンでも，列車や自動車で旅をしながらでも，さまざまな場所で聴ける。図 4.7 は，ドライデン中学校で教員と司書教諭が協働してポッドキャストを使っている例である。

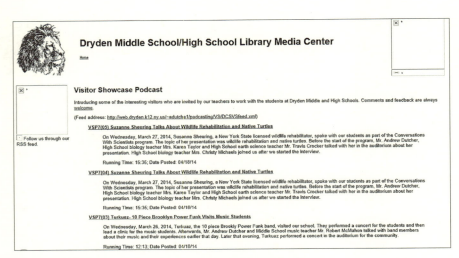

図 4.7　米国のドライデン中学校のポッドキャストの活用例
（http://web.dryden.k12.ny.us/~adutche1/podcasting/VS/index.htm）

写真共有サイト（フォト・シェアリング）

　Picasa（http://picasa.google.com）やフリッカー（Flickr　www.flickr.com）のような写真共有サイト（フォト・シェアリング）はいくつかある。これらのサイトでは，個人あるいは学校のような団体組織が送信した写真を保存できる。これらのサイトは主に趣味の目的で使われるが，生徒たちのための教材の情報源として使う価値も大いにある。図 4.8 は 2 千万人以上の写真家たちに保存場所を提供しているフリッカーのクリエイティヴ・コモンズ（www.flickr.com/creativecommons）である。保存されている写真は権利者の帰属のライセンスのもとで発見されて使われ，学校で生徒たちと教職員は検索した写真を許される範囲で使うことができる。フリッカーは皆で共有する一般的な写真のサイトであるが，フリッカーで「火山」と入力して検索すると NASA が撮影した多くの写真が見られ，その中には 2010 年に噴火したアイスランドの火山の写真も含まれている。こうして教員と司書教諭は著作権（複製権）を侵害してはならないことを承知して，生徒たちのための教材を許諾された

写真を含めて作成できる。フリッカーのクリエイティヴ・コモンズは教員と司書教諭が生徒たちに著作権（複製権）を教えるときにも使用できる。

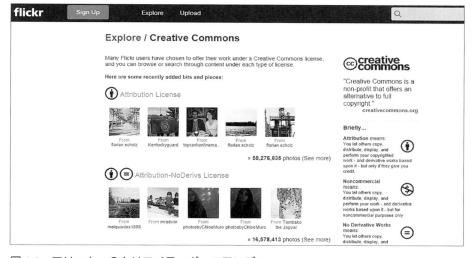

図4.8　フリッカーのクリエイティヴ・コモンズ

（https://www.flickr.com/creativecommons/）

ヴォイススレッド（VoiceThread）

ヴォイススレッド（http://voicethread.com）はマルチメディアのトゥールであり，学校では，あるテーマについての話し合いや討論を活発化するのに使っている。これは文章，イラスト，写真，動画を保存できて，ほかの人からコメントがもらえる。そのため，明らかに学校の教職員にとって効果的に使える。生徒たちは文章，音声，動画の形で話し合いに参加でき，彼らの「コメント」は絵や詩のような創造的な作品としても表わせる。図4.9はカナダのロバート・アシャー・コリージエイト高等学校の美術の教員が生徒たちに色から受ける感情について考えさせ，表現主義の手法で自画像を作成させるのにヴォイススレッドを使った例である。その自画像の左側には美術の教員やほかの生徒からのコメントがアイコンで示される。これらのアイコンをク

70

リックすると，コメントを文章で読めるし，音声で聴くこともできる。ヴォイススレッドは市販の製品であり，価格の面から使えない学校もあるだろう。

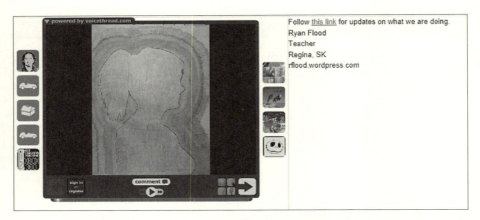

図 4.9　カナダのロバート・アシャー・コリージエイト高等学校でヴォイススレッドを活用した例
(https://voicethread4education.wikispaces.com/9-12)

そのほかの Web2.0

　Web2.0 を特徴づけるものはなく，学校の現場で使える新しいアプリケーション・システムが続々と登場している。Web2.0 と言えるかわからないが，ソーシャル・ネットワークがある。ソーシャル・ネットワークには，MySpace (www.myspace.com)，Facebook (www.facebook.com)，Bebo (www.bebo.com) があり，フリッカーもその中に含まれるかもしれない。現時点ではソーシャル・ネットワークは学校で使うのに制限があるが，どのように使えば利点があるか，議論の余地がある。

第 4 章のまとめ

　世界中の司書教諭が Web2.0 を日を追うごとに使い始めている。司書教諭が Web2.0 を使うには次の問題がある。

◆情報源を作成して活発に活用するのにかかる時間
◆司書教諭のための実務研修の実施の必要性
◆ Web2.0 のサイトへのアクセス（学校のファイアウォールによってアクセスできないかもしれない）

　こうした問題があるが，Web2.0 は司書教諭にとって魅力的な試みであり，情報活用能力を向上させて，情報源を提供して，教員たちと協働できる優れた方法の一つである。

参考文献

Brisco, S. (2007) Which Wiki Is Right for You? *School Library Journal*,
　www.schoollibraryjournal.com/article/CA6438167.html （未確認）
Each, E. (2006) Podcasting 101 for K-12 Librarians, *Information Today*,
　http://www.infotoday.com/cilmag/apr06/Eash.shtml
Edublogs (2008) *Ways to use Your Edublog*,
　http://edublog.org
Lamb, A. and Johnson, B. (2007). *An Information Skills Workout: wikis and collaborative writing*,
　http://eduscapes.com/hightech/spaces/collaborative/wikiTL.pdf
McPherson, K. (2006). Wiki and Literacy Development, *Teacher Librarian*, 34 (2), 70-2.
O'Connell, J. (2006) Engaging the Google Generation through Web 2.0, *Scan* 25 (3), 46-50
Steffan,P (2008) *Diigo – 21st Century Tool for Research, Reading, and Collaboration*
　http://www.amphi.com/~technology/techtalks/online/nov08/bestpract.htm.
Web2 tutorial (2008) *Web2.0 Tutorial*,
　http://web2tutorial.wikispaces.com/

第5章

情報活用能力

この章を読むと，
・情報活用能力について理解できる
・情報活用能力の学習モデルを批判的に評価できる
・学校で情報活用能力の授業内容を発展できる
・情報活用能力の適応に関する問題点を考察できる
・情報活用能力を持った生徒たちの育成について同僚の教職員と協働できる
・学校で情報活用能力の実務研修を計画して実行できる

はじめに

　情報活用能力は21世紀の社会で生きる人たちが必要とする能力の一つと認識されてきた。急速な技術の拡大とさまざまな情報の増大（また記録されるメディアの形式の多様化）により，生徒たちも教職員も，さらに一般の人たちも情報を再検討し，選択し，評価して，効果的に使う必要があるので，情報活用能力は今日の生徒たちにとって教育の基本的な課題の一つである。後述するように，情報活用教育に関して多くの人の合意を得た定義はなく，学校における情報活用能力の問題は，教師たちによって，学習能力，探索能力，メディア・リテラシー，デジタル・リテラシーと関連づけられることが多い。現在，情報活用能力は20世紀末の頃よりも幅広い意味で用いられていて，ビジネス関連，教育分野，社会におけるICTに関する報告書で散見される。
　最近，学校の生徒たちに関する論議があった。プレンスキー（Prensky, 2009）によれば彼らはデジタル世代であり，今日の生徒たちはデジタル情報とその技術とともに成長してきたので，彼らは生来，情報を発見して活用するのは，特にウェブ情報に関しては優れているというのがプレンスキーとほかの論客

の論点である。これはきわめて論議を呼ぶ点である。学校での事例と研究によると，積極的な根拠はないけれども，ウェブ情報を上手に利用する生徒は少数派かもしれないが，多くの生徒はウェブ情報に関する本質的な技能と能力が欠如しているように思える。今日の生徒たちは情報を**発見する**のは優れている一方で，**適切な**情報を発見することには能力を発揮できないことが多いと思われている。情報活用能力を理解して，利活用して，考察できる生徒たちを育成することは教員と司書教諭にとってこれからの重要な課題である。

　この章では情報活用能力の定義を検証する。また，情報活用能力の学習モデルを評価して，情報活用能力のそれぞれの技能と能力の転用に関する問題点を論議する。それから，教員と司書教諭の協働についても関心を向ける。最後に教職員向けの実務研修を示す。この実務研修は小学校でも，中学校・高等学校でも実践できるであろう。

情報活用能力の定義

　情報活用能力の定義は数多くあり，ラングフォード（Langford）が提示した質問は今日でも当てはまる。「それ（情報活用能力）は概念なのか，過程なのか。それとも，すでにあるリテラシー（文字認識能力，言語運用能力）が生徒たちに身につけさせる情報化時代に現れた技術を補完するように移行してきた新しい能力なのか。」（1998）著者自身は情報活用能力を「現在の情報環境を活用して，新しい情報環境に適応するために批判的に考察できる能力，その実践的な能力」と定義する。

　この定義では情報活用能力を，生徒たちが学校の内外で用いる能力群のまとまり（情報検索能力など）と考えるより，むしろ一つの能力と一つの実践と考えている。情報活用能力とは批判的に考察する能力である。たとえばウェブ情報の検索に取り組む生徒たちは，批判的な方法で能力群のまとまりを使い，どの能力を使うかを考えて，なぜそのような能力を使うのかを考察するように教えられるべきであろう。こうして生徒たちは効果的な実践者になる。この定義をさらに深めると，他の定義では指摘されないが，新しい情報

環境についても考慮する必要がある。つまり，生徒たちは情報活用能力を既存の学習環境から別の学習環境へ移行させる能力をもつことになる。

教員と司書教諭にとって情報活用能力のこの定義は，目的を明確化したり，検索の手順を発展させたりする能力群のまとまりを教えることよりも，強調する点を切り替える必要があることを意味している。生徒たちを情報活用の優れた実践者に育成したいのならば，生徒たちにある能力群をどのように使うかを考察させるだけでなく，どうしてそれらの能力を使うのかについても考察させる機会を与える必要がある。学校では，生徒たちがコンセプト・マップの作成などの能力を教えられると，それらの能力の使い方を考察して，転用して使うという思い込む傾向がある。著者自身の最近の研究によれば，ごく一部の高い能力をもった生徒たちを除いて，こうしたことは起こりそうにもない。したがって，これから考察するように新しい方策が必要となる。

情報活用能力のモデル

学校では数多くの情報活用能力の学習モデルが使われ，最も幅広く使われている学習モデルはBig6モデル（アイゼンバーグとバーコヴィッツ，Eisenberg and Berkowitz 2010），PLUSモデル（ヘリング，Herring 1996 and 2004），ISP（Information Search Process）モデル（クルソー，Kuhlthau 2004）である。オーストラリアではニュー・サウス・ウェールズ州のモデル（Department of Education and Training）が広く使われている。Big6モデルとPLUSモデルは生徒たちが盛んに使っていて，ISPモデルはどちらかと言えば教員と司書教諭が生徒たちの学習で足がかりをつけるために使っている。

情報活用能力のモデルを使うのに2つの見方が考えられる。一つは学習モデルをそのまま生徒たちが使うトゥールとして見なし，多くのモデルは学校でトゥールとして使わせている。もう一つはBig6やPLUSモデルのような既存のモデルを，生徒たちが目的を定義したり，情報を発見して効果的に活用したりする，自分たち自身の学習モデルをつくるガイドとして見なすことである。教員と司書教諭が生徒たちに自分たちの学習モデルをつくるように

働きかける方法を発展させると，生徒たちはより一層，情報活用能力を効果的に実践するようになり，ウェブ情報などのデジタル情報を効果的に活用するようになる。

Big6 モデル

Big6 モデルは最も幅広く用いられていると考えられ，とりわけ北米の学校では用いられている。このモデルの 6 段階は図 5.1 に示されている。生徒たちは彼らがなぜ情報を必要とするかを明らかにする段階（課題の定義）から学習モデルをどうやったら上手に使えたかを考察する段階（評価）までを学ぶ。ウォルフとブラッシュ，セイ（Wolf, Brush and Saye, 2003）は Big6 モデルをメタ認識論において生徒たちに取り組ませる足場として使えるとして，「生徒たちと教員たちが学習状況で問題解決の手順について話し合うときに使う体系化された用語を提示している」と示唆している。

1. 課題の定義	2. 情報探索の手順	3. 情報の所在とアクセス
1.1 問題となっている情報を定義する 1.2 必要な情報をはっきりさせる	2.1 役立ちそうな情報源を決める 2.2 最もよい情報源を選ぶ	3.1 情報源の所在を明らかにする （情報を検索して，資料を探索して） 3.2 情報源の中で情報を発見する
4. 情報の利用	5. 情報の統合	6. 評価
4.1 実際に活用する（読む，聴く，見る，触れる） 4.2 適切な情報を引き出す	5.1 複数の情報源からまとめる 5.2 情報を発表する	6.1 成果を判定する（効果的か） 6.2 過程を判定する（能率的か）

図 5.1　Big6 モデル　　　　　　　　（http://big6.com/pages/about/big6-skills-overview.php）

リンカーン高等学校（米国）の Big6 モデルの実践例

Big6 モデルは米国のリンカーン高等学校の生徒たちの間で幅広く使われていて，このモデルは第 7 学年の生徒たちに導入されている。生徒たちは学

校図書館での研究ガイドを使うように指示されて，そのガイドに Big6 モデルの概要が示される。さらに情報探索の手順に関してのアドバイス，ウェブ情報を効果的に使うために計画的に注意深く検索して，ウェブサイトの評価についての説明も活用することもガイドには書いてある。また，メモの書き方，情報のまとめ方，引用についてのガイダンスも行われる。

Big6 モデルはリンカーン高等学校で長年にわたり使われ，教員と司書教諭は教育課程を通じて生徒たちとこのモデルを使う経験を積み重ねてきている。その一例として，英語4の研究レポートの課題を生徒たちが準備するときに Big6 モデルを使う。この課題では司書教諭が英語科の教員たちと協働して，また補助教員として教える。生徒たちは学校図書館で学期の5回分の授業（90分の授業時間）を受けて，Big6 モデルを使ってウェブ情報と学校図書館のデータベースを検索する。

ISP モデル

ISP モデルは，学校の生徒たちと図書館職員たちで行われた研究に従って，クルソー（2004）によって考案された。最近，ISP モデルは Enquiry (In-

1. 課題研究の導入 感情：不安，不確実さ	2. トピックの選択 感情：混乱，ときどき起きる心配，信念からくる高揚感，期待
3. 情報の探索 感情：混乱，不確実さ，疑念，ときどき起きる怖さ	4. 焦点の明確化 感情：楽観的，課題をやり遂げることへの自信
5. 情報収集 感情：広範囲の作業の実現，課題をやり遂げることへの自信，興味関心の増大	6. 発表の準備 感情：安堵感，満足と失望の入り混じった思い
7. 過程の評価 感情：達成感か，否か	

図 5.2　ISP モデル　　　　　　　　　　（http://virtualinquiry.com/inquiry/ips.htm）

quiry）モデル（Kuhlthau, Maniotes and Casperi, 2007）へ統合された。ISP モデルの各段階は図 5.2 に示す。ISP モデルとその他のモデルとの違いの一つは，クルソー（2004）が情報探索のそれぞれの段階での生徒たちの感情（心理）に注目したことであり，このことをモデルの中で考察している。

ジル・セント・バーナード学校（米国）の ISP モデルの実践例

　米国のジル・セント・バーナード学校では，教育課程のさまざまな場面で司書教諭たちと教員たちの協働授業が進行していて，その中でも理科の授業で協働授業が行われている。理科のテーマを学んで課題の探求をする授業の一部のように一定期間，折に触れて ISP モデルは生徒たちに説明される。シュミット（Schmidt），コワルスキ（Kowlaski），ネヴィンズ（Nevins）らは，第 11 学年の生徒たちが ISP モデルを用いた実践例（2010）を報告している。彼らによれば生徒たちは ISP モデルの各段階を用いて，生物学，化学，物理学，心理学のテーマについて理解するために，科学に関する図書をより深く読解する力を身につけた。この学校の生徒たちは，科学のテーマを研究して効果的に新しい知識を得た結果に関する感想と意見を教員と司書教諭に提出するように促される。生徒たちは結果に関する感想と意見で，どのようにテーマを選んだか，デジタル情報と印刷資料の中から適切な文献を見出して，分析したことを述べる。教員と司書教諭は，テーマの不確実さ，適切な資料を選ぶ時の困惑，必要以上の情報量などの潜在的な難題について話し合うための指導書を用意している。

　教員と司書教諭は情報活用能力が教育課程の核心であると確信しているので，全学年の生徒たちに学習活動の一部として ISP モデルを使うように促している。こうして生徒たちは課題の情報を発見する目的だけでなく，理科のような教科における学習活動を深める目的にも ISP モデルの項目を使っている。教員と司書教諭の協働は，全校における ISP モデルの活用の進展に必要不可欠と考えられる。

NSW DET モデル

　図 5.3 に示した学習モデルは，ニュー・サウス・ウェールズ州（オーストラリア）の学校に向けて，教員と司書教諭が情報活用能力を育成する手引書を示すために，州の教育の質的向上計画（NEW DET, 2006）の一環として考案された。モデルの「定義する（Defining）」から「評価する（Assessing）」までの段階は生徒たちがどのような質問をするのかを明らかにして，生徒たちがどのような能力を必要とするのかを指導方法として示している。このモデルのポスター（NEW DET, 2007b）はニュー・サウス・ウェールズ州全域の学校で使われて，オーストラリアのほかの地域でも使われている。

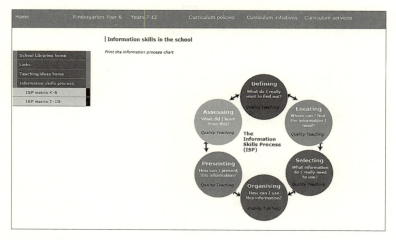

図 5.3　NSW DET モデル
　　（http://www.curriculumsupport.education.nsw.gov.au/schoollibraries/teachingideas/isp/index.htm）

クィーンウッド小学校（オーストラリア）の NSW DET モデルの実践例

　オーストラリアのクィーンウッド小学校（インデペンデント・スクール）では，NSW DET モデルを学校全体の情報活用能力を育成するために用いている。司書教諭は学校のすべての教員たちと協働して，モデルのポスターはすべての教室に掲示されている。著者のヘリングとブッシュ（Herring and Bush, 2009）の研究で，このモデルが教室や学校図書館で使われることを調査し

た。「定義する（Defining）」と「選択する（Selecting）」の考え方を児童たちに教室や図書館で説明すると，彼らは効果的にモデルの項目を活用するようになった。この研究では，生徒たちが自分たちの学習の一部として NSW DET

自然災害
インターネットの情報源

タイトル：＿＿＿＿＿＿＿＿＿＿＿＿＿＿＿＿＿＿＿＿＿＿＿＿＿＿＿＿＿
アドレス：＿＿＿＿＿＿＿＿＿＿＿＿＿＿＿＿＿＿＿＿＿＿＿＿＿＿＿＿＿
作成者：＿＿＿＿＿＿＿＿＿＿＿＿＿＿＿＿＿＿＿＿＿＿＿＿＿＿＿＿＿＿

このウェブサイトの見出し

このウェブサイトの評価（○で囲む）
このウェブサイトには役に立つトップページがあるか　　はい　いいえ
このウェブサイトにはリンク先があるか　　はい　いいえ
このウェブサイトには役に立つ図表があるか　　はい　いいえ
このウェブサイトで使っている言葉を理解できるか　　はい　いいえ
この自然災害の原因について説明しているか　　はい　いいえ
この自然災害がいつ，どのように起こったかを説明しているか　　はい　いいえ
この自然災害の結果と二次災害について説明しているか　　はい　いいえ
作成者を信頼できるか　　はい　いいえ

このウェブサイトで興味深い事実を2つ書きなさい

このウェブサイト全体の評価（○で囲む）
とても役に立つ　　役立つ　　役に立つ点がいくつかある　　全く役に立たない

図 5.4　オーストラリアのクィーンウッド小学校のウェブサイトの評価

モデルを考えて課題を解決するときにモデルを活用するとしたら学校で転用する習慣を確立することが必須であったと結論づけた。教員と司書教諭は生徒たちのウェブ情報の利用は，特に目的の定義において，モデルを足場にした後で向上したと述べていた。今では，この学校の生徒たちが目的なしにGoogleで検索する様子は見られない。図5.4は生徒たちに示されたウェブサイトの評価のガイダンスの例を示している。クィーンウッド小学校ではNSW DETモデルを教育課程全般に行き渡らせるために，モデルの項目の専門用語を教職員の共通認識としたことも役に立った。教員たちはこのように生徒たちが異なる教科内容や授業でも，学校図書館でも学習モデルを使うことを明らかにした。

PLUS モデル

目的	・情報ニーズを明らかにできる ・実際に探求するときの質問の枠組みについて学ぶ ・図や見出しを使って研究項目の計画を立てる ・キーワードを明確にする
情報の所在の探索	・適切な情報メディアを選択する ・図書館の所蔵目録，索引，データベース，CD-ROMなどのディスク系メディア，サーチエンジンを使って情報の所在を探索する
情報の利活用	・探し出した情報の資質と的確さを評価する ・文章をスキミング・スキャニングして必要な情報を探す ・メモを取る ・集めた情報を発表し，また伝え合う ・参考文献を記録する
自己評価	・理解したことと見つけた情報に基づいて結論を導けることを振り返る ・自分で身につけた情報活用能力を検証してみる ・実際に上手にできた情報活用能力の手法を明らかにする

図5.5 PLUS モデル

(http://www.ilipg.org/sites/ilipg.org/files/documents/2011/02/plus-model.pdf)

著者自身が提唱した PLUS モデルは英国，オーストラリア，ニュージーランド，南アフリカ共和国の学校で用いられてきた。このモデルには目的（purpose），情報の所在と探索（location），情報の活用（use），自己評価（evaluation）の段階があり，図 5.5 にモデルの詳細を示した。著者のヘリングとターター（Herring and Tarter, 2007）の研究で，多くの生徒たちがこのモデルを使うメリットを理解していることを明らかにした。PLUS モデルが生徒たちに必要な情報の目的を明らかにすること，適切な情報を見つけて評価すること，情報を上手にまとめること，情報活用能力を振り返って評価することに役立つことも明らかになった。

リポン・グラマースクール（英国）の PLUS モデルの実践例

リポン・グラマースクール（公立の中等教育学校）では 1 年生（第 7 学年）に PLUS モデルを紹介して，最終学年まで使うように指導される。著者であるヘリング（Herring, 2010a）の研究で，第 12 学年の生徒たちが PLUS モデル

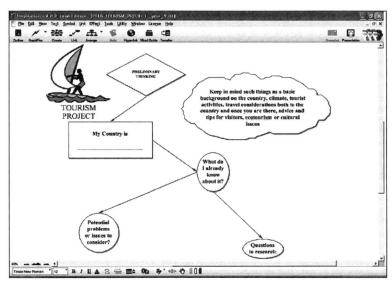

図 5.6　リポン・グラマースクールの PLUS モデル「発想力を使う」の例

に基づいて自分たちの情報活用能力のモデルを向上させたことが明らかになった。司書教諭はすべての教科の教員たちと密接に連携して，特に理科，地理，歴史のテーマについて取り組んでいる。オンラインでも入手可能な配布物には，目的を明らかにすること，ウェブ情報を含むいくつかの情報源から適切な情報を見つけること，情報と発想を効果的に使うこと，レポートの作成についてのガイダンスが示されている。学校でPLUSモデルを使うことは生徒たちが学習するテーマを意識して，課題学習をしやすくしている。司書教諭と教員たちはInspiration software（www.inspiration.com）を用いている。図5.6はPLUSモデルの目的（Purpose）の段階で用いた例を示している。

情報活用能力と転用

学校における情報活用能力のさまざまな点についての論議と研究が行われてきたが，生徒たちと情報活用能力に関して，生徒たちが時間の経過とともに情報活用能力をすべての教科に転用するだろうという思い込みがある。こうして情報活用能力は生涯学習の一部となると言及されることが多く，生徒たちが学校で学んだ能力を大学等の高等教育や社会に出てから職場で転用できると思われている。こうした予測が検証されたことはない。著者が行った研究ではほとんどの生徒たちに当てはまらなかった。

◆実際に転用できた者—能力を転用できて，新しい学習環境に能力を転用する意義があると考えられた生徒は少数である。
◆転用の必要性を感じている者—転用の意義を見出せても，能力の転用に消極的であったり，転用しなかったりした生徒が大多数である。
◆転用しなかった者—転用する考えも理解できず，能力を転用しなかった生徒はわずかにいる。

この研究では対象となった学校の教員と司書教諭が，学習と教育の重要な要素として転用を主張していたことも明らかになった。教職員たちは学校に

転用という習慣がなく，そのため転用を直接的に指導しなかったことも認めている。教員と司書教諭に対する実践的な教訓として，情報活用能力を転用できるという期待があるにしても，生徒たちはこうした能力を転用することはなく，コンセプト・マッピングや質問の明確化のような重要な項目を使えない生徒が多いことが言える。学校における情報活用能力と転用の習慣を進展させるには，学校全体の教職員会議での話し合い，学校内での転用に関する方針の進展，そして最も重要である，全科目の情報活用能力を強化するための教員と司書教諭が協働した実践が関わってくる。こうした実践には全学年の生徒たちと転用についての考えを話し合うことも含まれることになる。

教員と司書教諭の協働

　学校での情報活用能力の授業計画を向上させる重要な要素の一つが教員と司書教諭の協働である。マークレス（Markless）は「協働するとき，情報を伝え合うこと以上のことをする。それぞれの異なる立場から理解をはじめて，やがて意義について話し合う。やがて，いくつかの論点で，直感が訪れる」（2009, 125）と論じている。教員同士の協働の優れた一例にはモントリオールのセント・ジョージ校の例がある。ホルムズとトービン（Holmes and Tobin, 2005）は彼ら自身の協働関係を評価して，協働するための重要な点を明らかにした。互いに考えを聞いて意見交換すること，他の専門家から学ぶこと，一緒に計画を立てて，一緒に報告をすること，生徒たちの学習活動に集中することを意欲的に取り組むことである。

　学校で情報活用能力を指導するために，教員と司書教諭の協働には多くの形態がある。協働関係が発展するためには次のような活動が重要である。

◆生徒たちの Google の使い方のように，共通の関心を明らかにする
◆使用する専門用語について話し合う。たとえば，司書教諭は「検索の手順（search strategy）」という用語を使い，教員は単に「検索（searching）」という用語を使うかもしれない。

◆学習活動での役割分担について話し合う。たとえば，教員が気候変動の課題での Google の使い方について説明することになる。
◆自分が知っていることと知らないことについて幅広く受け入れる。教員と司書教諭は単純な質問でも尋ね合えるようにする。
◆生徒たちに対する活動を一緒に計画する。生徒たちに対する Google の使い方を説明する配布物やウェブページを企画するなどである。
◆協働を一貫して続ける。活動計画と生徒たちが使う資料が上手くできたかを報告する。
◆ほかの教職員にも自分たちが行ったことを伝える。

情報活用能力についての実務研修

　学校で教員向けの実務研修を計画するには，その学校で求められていることと教員たちがすでに知っていることについてじっくり考える必要がある。上述した協働に関する活動に沿って，情報活用能力に関する実務研修を教員と司書教諭が協力して計画すると研修は有益なものになる。それは学校図書館のためではなく，学校の学習活動と教育活動に関連しているからである。情報活用能力に関する実務研修は，学校全体の実務研修の1日の日程の一部になることが多いらしい。そのため，60分から90分以内の特定テーマの研修をそれぞれ計画するならば可能である。そのテーマは情報活用能力，ウェブ情報の検索，生徒たちに対するウェブサイトの使い方の教授法となる。

情報活用能力：それは何か？　なぜ重要なのか？

　こうした研修は情報活用能力と技能の概念の紹介になり，生徒たちに対する情報活用能力のガイダンスの例を示すことになるであろう。教員と司書教諭による PowerPoint を使ったプレゼンテーションでは，情報活用能力についての概要を説明できる。研修の後半には，教員たちが使う「学習能力」なのか「探求能力」なのか，という専門用語に関連する質疑応答，生徒たちがコンセプト・マッピングなどの技術を使った授業の観察の体験，情報活用能

力をもった生徒たちの育成へむけての計画も含まれる。

ウェブ情報の検索：Google 検索のよりよい利用者になるには
こうした研修は，検索に熟達していないと感じている教員たちにとって実践的な研修になる。第 3 章の資料はきっと役立つ。この研修では教員たちの検索方法の向上に集中する。研修の前半にコンピュータの使い方は含まないが，教員たちのテーマに沿って練習をする。その練習では，検索方法を計画して，他の教員と検索方法を比較し，検索方法の計画の要点を指摘する。研修の後半は講師が，Google とその他の検索エンジンを教員たちに使わせて実践的なものにする。

生徒たちに教えるウェブサイトの読解法
著者は教員と司書教諭とともに次のような目的と方法で研修を行った。
目的：
◆生徒たちにウェブサイトの「読解」の仕方を教える方法を探求する
◆生徒たちの情報活用の技能の用い方についての評価を示す方法を検証する。

方法：
1. ある特定の科目で，学習を活発化するために効果的なウェブサイトの読解の仕方を生徒に教える授業計画について各グループで話し合う。学習のテーマと授業の目的，授業の成果，生徒に教える技能，生徒たちへのヒントやコツを各グループでコンセプト・マッピングに書き上げる。
2. ほかのグループが読めるように，各グループで作成したコンセプト・マッピングを壁に貼る。生徒たちにウェブサイトの「読解」の仕方を教える意味を全員で話し合う。
3. 生徒たちの情報活用の技能の用い方についての評価を示す方法を話し合う。

実務研修を綿密に計画する必要があり，研修を企画する教員と司書教諭は場所，用いる機器(パソコンやラップトップ・コンピュータに接続したプロジェクタ，インタラクティブホワイトボード)，研修内容の時間配分(たとえば説明5分，検索実習15分のように)，参加者への事前説明(研修の概要とテーマの例示)などの事前計画を考慮する。そうすれば研修の予行練習(リハーサル)は活気あふれるものになる。実務研修を実行することは学校内の協働の重要な第一歩である。

第5章のまとめ

情報活用能力は21世紀の教育の重要な構成要素である。ほかの活用能力(リテラシー)にも情報が含まれていることから，デジタル・リテラシー，ヴィジュアル・リテラシー，メディア・リテラシーなども含めると思われる。ウェブ上の多くの概念，思考，情報を使いこなす情報活用能力を身につけて，自らの学習を向上できる生徒たちを育成することが，今日の学校の教員と司書教諭が直面している課題である。ウェブ情報を使うときに生徒たちが機敏に対応するように指導するならば，専門職である教員と司書教諭はなによりも自分たちが情報活用能力の優れた実践者になる必要がある。

参考文献

Eisenberg, M. and Berkowitz, B. (2010) *The Definitive Big6 Workshop Handbook,* 4th edn, Paw Print.

Herring, J. (1996) *Teaching Information Skills in Schools,* Library Association Publishing.

Herring, J. (2004) *The Internet and Information Skills in Schools: a guide for teachers and school librarians,* Facet Publishing.

Herring, J. (2010a) Year 12 Students' Use of Information Literacy Skills: a constructivist grounded analysis. In Lloyd, A and Talja, S. (eds) *Practising Information Literacy: bringing theories of learning, practice and information literacy together,* Centre for Information Studies , Charles Sturt University.

Herring, J. (2010b) *School Students, Question Formulation and Issues of Transfer: a constructivist grounded analysis,* Libri.

Herring, J. and Bush, S. (2009) Creating a Culture of Transfer for Information Literacy Skills in Schools. In Ainsworth, A., Crothers, G., Lopez, C., Pritchard, M. and Scott, C.(eds) *Engage explore celebrate: ASLA XXI Biennial Conference Proceedings 2009.*

Herring, J. and Tarter, A. (2007) Progress in Developing Information Literacy in a Secondary School Using the PLUS Model, *School Libraries in View,* 23, 23-7.

Holmes, A. and Tobin, E. (2005) Motivation Through Collaboration at St George's School of Montreal, *School Libraries in Canada*, 25(2).
http://www.clatoolbox.ca/casl/slic/SLICVol25issue2.pdf

Kuhlthau, C. (2004) *Seeking Meaning: a process approach to library and information services*, 2nd edn, Library Unlimited.

Kuhlthau, C., Maniotes, L. and Caspari, A. (2007) *Guided Inquiry: learning in the 21st century*, Library Unlimited.

Langford, L. (1998) Information Literacy: a clarification, *School Libraries Worldwide*, 4(1), 59-72.

Markless, S. (ed.) (2009) *The Innovative School Librarian*, Facet Publishing.

New South Wales, Department of Education and Training (2006) *About Quality Teaching*,
https://www.det.nsw.edu.au/proflearn/areas/qt/qt.htm

New South Wales, Department of Education and Training (2007a) *Information Skills in the School*,
http://www.curriculumsupport.education.nsw.gov.au/schoollibraries/teachingideas/isp/

New South Wales, Department of Education and Training (2007b) *Information Skills in the School*,
http://www.curriculumsupport.education.nsw.gov.au/schoollibraries/teachingideas/info_skills/assets/infoprocesscycle.pdf

Prensky, M. (2009) H. Sapiens Digital: from digital immigrants and digital natives to digital wisdom, *Innovate*, 5(3).
http://www.wisdompage.com/Prensky01.html

Schmidt, R., Kowlaski, V. and Nevins L., (2010) Guiding the Inquiry Using the Modified SLR, *School Libraries Worldwide*, 16(1), 13-32.

Wolf, S., Brush, T. and Saye, J. (2003) The Big Six Information Skills as a Metacognitive Scaffold: a case study, *School Library Media Research*, 6
http://www.ala.org/aasl/aaslpubsandjournals/slmrb/slmrcontents/volume62003/bigsixinformation

第6章

生徒のウェブ情報の使い方を上達させる

この章を読むと,
・ウェブ情報を使う前に生徒たちの計画の立て方を上達させる
・生徒たちの検索の手順を上達させる
・生徒たちのウェブサイトと含まれる情報について評価する方法を上達させる
・生徒たちの情報の読解の方法とウェブ情報で判ったことの解釈の仕方を上達させる
・課題をやり遂げるときに学習者として生徒たちのウェブ情報の活用の仕方を上達させる
・生徒たちをウェブ情報について考察する利用者にするように教えることができる
・生徒たちをウェブ情報の理想的な利用者にするように教えることができる

はじめに

　学校の学習活動でウェブ情報を使うことは,もはや現代を生きる生徒たちの生活の一部になっている。生徒たちはテーマ学習でも課題でも,情報が必要なときにまるで玄関で呼び出しするようにウェブを使う。学校の外でのウェブ情報も多くの生徒たちにとって重要な情報であるが,すべての生徒が家庭でウェブ情報にアクセスしているとは限らない。今やウェブ情報は多くの生徒の生活の大半をしめているのに,学校ではウェブ情報の使用者,そしてウェブ情報の学習者になるための教育に時間が割けないのは驚きしかない。ウェブ情報の使用者とはウェブ情報を使う人であるが,こうした使用は表面的であり,主に機械的で,あまり深く考えず,あるいはまったく考えなしのことがある。生徒たちが**ウェブ情報の学習者**になるためには,効果的な検索の手順(自分たちの目的の分析から導かれる)を向上させ,ウェブ情報で発見したことを批判的に評価し,目的に適合した情報を選び,ウェブ情報で発見した情報や考えを規範に従い効果的に利用して,何を発見して,どのよ

うに発見したかを考えるというウェブ情報の利用から学ぶようになることである。多くの学校関係者に生徒たちがウェブ情報を使うのであれば自ずとウェブ情報の学習者になると思い込みがあるが，現場の感触でも研究論文でも，その確証は薄い（Herring, 2010; Kuiper, Volman and Terwel, 2008）。

　生徒たちをウェブ情報の使用者からウェブ情報の学習者にするには，ウェブ情報の学び方の能力を教えることに集中して，学校全体の教育課程でウェブ情報を活用する能力を強化する必要がある。学校がウェブ情報の学習に統合的に取り組めれば，生徒たちが情報活用能力のそれぞれの能力を発揮する可能性を広げ，生徒自身の情報活用能力の学習モデルを向上する機会が生まれる。

　この章では，生徒たちのウェブ情報の利用法を向上させるための指導についての理論と実践例を教員と司書教諭に示していく。多くの生徒たちがウェブ情報を効果的に使い，その使い方について考えるための足場を必要としている。さらに情報活用能力の要点について焦点を絞る。それらは生徒たちのウェブ情報の利用に関することで，ウェブ検索の計画の立て方，検索手順の効果的な使い方，ウェブサイトとウェブ情報の基本的な情報の評価法，情報の読解の方法，ウェブ情報の使用についての考え方，ウェブ情報の使い方の生徒独自の学習モデルの組み立て方である。

ウェブ検索の計画の立て方

　学校での生徒たちのウェブ情報の使い方について教員と司書教諭は，生徒たちが検索エンジンを直ちに使い出すと批判する。その検索エンジンとはおおむね Google であり，情報を必要しながらも，実りのない検索に無駄な時間を費やしている。著者の最近の研究では，対象となった3校のすべての学校で生徒たちの級友たちへの批判があった。ある学校では，検索の計画の立て方に失敗した生徒たちに対するインタビューを別の生徒たちに試みた。ある生徒の発言には「一部の生徒たちはただ問題を解決しようとしているだけで，最良の情報を見つけることなんか考えていない。彼らは Google に駆け寄っ

て，何かを探しているだけだ」とあった。同様の所感は教員と司書教諭からも得られた。したがって，生徒たちは何を検索するのか，なぜ検索するのかということについてのガイダンスを必要としている。

課題の計画

名前＿＿＿＿＿＿＿＿＿＿＿＿＿＿＿＿＿＿＿＿　クラス＿＿＿＿＿

私の課題は＿＿＿＿＿＿＿＿＿＿＿＿＿＿＿＿＿＿＿＿＿＿＿＿＿＿＿＿

どういう目的で研究するのか（発見する情報から何を作成するのか）

しなければならないこと（必要とする情報はどのくらいあるか，どのような形態の情報か，図表は必要かなど）
最終的に誰に対してレポートを書くのか（必要とする情報はどのレベルなのか）

この課題にはどのくらいの時間がかかるのか，どのくらいの時間をかける必要があるのか
　　　　　　　　　　　この課題にかかる時間は＿＿＿＿＿＿＿＿＿＿＿＿＿

この課題で身につける能力
✓ それぞれの研究課題の計画を慎重に立てる（意義のある質問とキーワードを考え，作業の時間配分を考慮する）
✓ 最適な情報源を選ぶ（選択の基準を参考にする。スキミングとスキャニング）
✓ 新しい情報を記録して，分析し，既に持っている知識に結びつけて考える
✓ 結論を導き，自分の主張に対する理由と根拠を示す
✓ 自分の作業過程を調整し，自己評価して，必要があれば変更を試みる
✓ 共通の目的に向かって級友たちと協働する

図 6.1　リポン・グラマースクールの課題の目的を立てるときの生徒向けのガイドライン

第6章　生徒のウェブ情報の使い方を上達させる　91

ブレインストーミングの質問用紙

	テーマ＃1	テーマ＃2
どの情報か？（情報を集める） 例：20世紀の大統領が市民の権利として主張したのは何か		
どうやって？（問題点と見通しを理解する，自分の意見を検討する，解決策を提案する） 例：身近なところで起こっている水質汚染を解決するには何をすべきか		
としたらどうなのか？（仮説を示すための知識を用いて，自分の意見を考察する） 例：奴隷解放宣言はどうなったのか		
すべきことは？（事実に基づいて倫理を守り，決定をする） 例：クローン人間の製造を認めるのか		
なぜ？（複雑な問題の本質に迫るために関連事項について理解して説明する） 例：児童虐待がなぜ起こるのか		

学習する単元に関連する2つの事項についてブレインストーミングをする。探求を進めるための質問を考えるヒントを使う。すべての枠に書き込む必要はない。研究を上手にするための質問について議論する。

ヴィジュアル図書館に戻る

図 6.2　スプリングフィールド・タウンシップ・ハイスクールの質問を考えるためのガイダンス
（http://nhs.gilesk12.org/library/pdf/QB_example.pdf）

第5章で論じた情報活用能力の学習モデルのすべてで，ウェブ検索を始める前の計画に関する要点を説明している。PLUSモデルの最初の段階である目的（Purpose）において，生徒たちに検索エンジンを使う前に必要とする情報について考えるように促す。生徒たちが情報を探すのに検索エンジンを使うとき，課題のように情報に対する広い要求の部分であり，さらに専門的な情報の検索に集中する前に広い情報要求の目的を明らかにすることが大切である。図6.1は英国のリポン・グラマースクールで生徒たちに示された目的を明らかにするためのガイダンスの例である。生徒たちはウェブ情報の検索の計画を立てる前にこのガイダンスに従って書き込んで担任の教員と話し合う。

　今日，多くの学校では情報検索を始める前に生徒たちの情報要求とトピックについて考えさせる方法としてコンセプト・マッピングを用いている。ノヴァック［訳注：米国コーネル大学教授］とキャナス（Novak and Canas, 2008）はコンセプト・マップの優れた概説書を発表した。彼らのコンセプト・マッピングは教員と司書教諭の実践にも転用されている。著者の最近の研究によれば，生徒たちはコンセプト・マッピングを課題の計画を立ててウェブ検索に入る前に重要な手立てと考えていることがわかった。第7学年の生徒の中には「マインド・マップ（コンセプト・マップ）は何を明らかにするのかが理解するのに役立つ。検索をした後，コンセプト・マップを見直して書き換える」と意見を述べる生徒がいる。この研究で生徒たちは計画の手立てとして質問の明確化を好んでいることがわかった。図6.2はスプリングフィールド・タウンシップ・ハイスクールで生徒たちに質問の仕方の例を示したものである。

効果的な検索の手順の用い方

　第2章では教員と司書教諭が効果的なウェブ検索をできることを強調した。小学校，中学校，高校の児童生徒たちが効果的な検索方法を身につけることはさらに重要である。ビラルとサラングセム，バチール（Bilal, Sarangthem and Bachir, 2008），チャンとニューマン（Chung and Neuman, 2007）たちの研究で，全般的に生徒たちは効果的な検索方法を身につけておらず，ウェブ情報の検索

のやり方のガイダンスが必要なことが明らかになった。

　検索方法についての知恵を絞り出す点で教職員と生徒たちに見られる違いの一つとは，生徒たちに検索方法がどうして必要とされているかの説明を求めている点がある。多くの生徒たちがウェブ情報の検索は簡単なことと思っているのは重大な問題である。そのため，検索方法を編み出す説明を始める前に検索方法とは何であるかを生徒たちと事前に話し合うことが大切である。「検索方法（search strategy）」という用語についてブレインストーミングをして，検索方法以外の用語の可能性を探るのも話し合いの一つの方法である。生徒たちは「検索計画（search plan）」や「検索経路（search path）」などの用語を思いつくであろう。ここで重要なことは生徒たちが効果的な検索を行う必要があることを考えさせる点である。話し合いをさせることで生徒たちをグループに分けることもできる。そのグループで互いに相談して「ウェブ検索を上手にするには」についてのコンセプト・マップを作製する。つくったコンセプト・マップはグループ同士で比較して，生徒たちは互いに検索について学び合う。

　図 6.3 はディキシー・グラマースクールでの効果的な検索に関する発表例の一部である。この発表例は Prezi（http://prezi.com）というソフトウェアを用

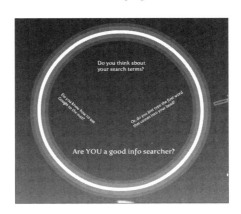

図 6.3　ディキシー・グラマースクールでの検索についての生徒たちへのガイダンス
（http://library-online.org.uk/2010/06/welcome-to-sixth-form-historians）

いており,「検索用語について考えていますか」などの要点をズームできる。

　図6.4は，スプリングフィールド・タウンシップ・ハイスクールでの検索に関する生徒たちへのアドバイスの例である。こうした学校図書館のウェブサイトに見られるアドバイスには，これまで述べたブレインストーミングなどの検索方法の必要性を考えさせられてきた生徒たちに向けて大変意義深いものを見出せる。

検索エンジンでの検索の方法
・求めている文献の中で使われていると思われるキーワードと語句をブレインストーミングで思いつく。
・求めている文献の中で使われない言葉も想定しておく。たとえば，土星について探求するのに自動車や自動車産業に言及する事項は除外し，イルカについてならばフットボールは避けるであろう。
・検索エンジンで使う検索式と用語を理解する。これはヘルプやトップページに用例が示され，最も効果的な方法についても解説している。
・最初に最も重要な言葉や語句を入力する。
・最初に名詞で検索する
・さらに重要と思われる言葉を順序に従って入力する。たとえば《マーチン・ルーサー・キング》《ビタミンA》のように。
・意識して名詞をつかう（動詞は曖昧な意味の場合が多い。多くの検索エンジンでは 'a' 'an' 'the' という冠詞をストップワードとして検索に使用できない。

図6.4　スプリングフィールド・タウンシップ・ハイスクールでの検索に関する生徒たちへのアドバイス

ウェブサイトとウェブ上の情報の評価

　効果的な検索を行う上で，ウェブサイトの評価は多くの生徒にとって負担を感じる課題である。ウェブサイトの評価には図6.5に示したキャシー・シュロック（Kathy Schrock）のガイドのように多くのガイドがあるけれども，すべてのガイドが児童生徒に適しているとは限らず，むしろ大学生にむけてのガイドが多く，児童生徒には用語も難しすぎる。生徒たちにウェブサイトの評価を教えることはウェブサイトの評価の意義やこうした評価の方法を説

第 6 章　生徒のウェブ情報の使い方を上達させる　95

ウェブサイトの評価基準の 5 つの W

WHO（誰が）
誰がウェブページを作成したか？　彼らは専門家なのか？
作成者の履歴が含まれているか？
作成者について知るにはどうしたらよいか？

WHAT（何を）
作成者はこのウェブサイトの目的として何を言おうとしているのか？
作成者はこのウェブサイトでそのほかに伝えようとしているのは何か？
このウェブサイトを使いやすくしていることは何か？
どんな情報が含まれていて，
この情報は他のウェブサイトの情報と違う点はあるか？

WHEN（いつ）
このウェブサイトはいつ作成されたのか？
このウェブサイトが最近更新されたのはいつか？

WHERE（どこで）
この情報はどこから来るのか？
このウェブサイトの提供者についてどこで知ることができるのか？

WHY（どうして）
どうしてこの情報が課題の目的に役立つのか？
どうしてこの情報を使うのか？
どうしてこのウェブページが他のウェブページよりもよいのか？

図 6.5　キャシー・シュロックのガイド
（http://www.slideshare.net/jmika/the-5ws-of-web-site-evaluation）

明することも含む。効果的な検索のためにグループで生徒たちがコンセプト・マップやウェブサイトの評価のガイドを作成するように指示されて，意見交換するような授業は，生徒たちにとって絶好の出発点となる。生徒たちが発見したウェブサイトを評価する理由を考えるようになれば，教員と司書

> **ウェブページの評価**
>   次の質問は検索して発見したウェブサイトの情報を評価するのに役立ちます。欲しい情報・必要な情報を発見することを確かなものとするために次の6つのテーマに従って評価することを忘れないでください。
>
> **関連性**
>   使ったキーワードと質問が課題の研究に関連しているか？
>   この情報がテーマに関連しているか？
> **妥当性**
>   この情報は自分の年齢と核心的な価値に適しているか？
>   この情報は課題の質問の答えを導くのに役立つのか？
> **情報の量と質**
>   どのくらいの量の情報が必要か？
>   課題のテーマを充足させるのに適したレベルはどのくらいか？
> **最新性**
>   その情報はいつ公表されて，いつ更新されたか？
>   その情報は古く，時期遅れになっていないか？
> **信頼性**
>   情報の作成者は誰か？
>   情報を発信する作成者の資質は何か？
> **情報の傾向**
>   この情報が作成された理由は何か？
>   このウェブサイトが作成された目的は情報を伝えるため，説得するため，物を売るためなのか？

図 6.6　米国のハンチンソン・ハイスクールの評価ガイド

（www.usd308.com/hhslibrary/webpage_evaluation.htm）

教諭が作成した評価のためのガイドをさらに使うようになる。図 6.6 はハンチンソン・ハイスクールの評価ガイドである。こうしたガイドは生徒たちが教室で日常的に使っている言葉でガイドを作成するための話し合う手がかりとなる。こうした手法も生徒たちへ向けてガイドを作成したという実感をより強く感じられる。

情報を読むこと

　生徒たちはウェブサイトを発見して自分たちの評価基準でウェブサイトを評価したならば，次の課題はそのウェブサイトに表記された情報や知識を読み，解釈して，活用することである。情報を読むために生徒たちは，キーワードを使って情報を探すスキミングとスキャニングや，文章，静止画，動画を含むウェブサイトの中から重要な部分を見極めること，課題の目的に関連づけて発見した情報を解釈すること，発見した情報のメモを書き取ることという一連の能力を求められる。

　ウェブサイトを読むことは複雑であるがゆえに，ウェブサイトを使うことよりも誤解されることが多い。教員と司書教諭は生徒たちの能力について思い込みをもっている。それは，生徒たちが発見したウェブサイトの情報を読んで解釈する方法をかなり早い段階で教わってきているという思い込みである。著者の最近の研究では，こうした思い込みは誤りであることが判明した。教員と司書教諭が教える情報活用能力の授業では，一定レベルの情報を読むことに集中することはない。生徒たちはこうした能力を身につけるために，教員と司書教諭とともにブレインストーミングをする機会を得ることを必要としている。英国のダンバー・グラマースクールで，第8学年の生徒たちを受け持つ国語科（英語科）の教員は生徒たちが選んだテーマ，具体的には気候変動というテーマについて論説文を読む授業を行っている。ブレインストーミングでは次のようなことを，生徒たちが話し合った結果として提案させている。

◆どのようにウェブ情報でそれぞれ異なる観点を見出せるか
◆どのようにウェブ情報に意見と根拠が明らかに提示されているか
◆どのようにウェブ情報の典拠を確認できるか
◆どのようにウェブ情報で示された根拠は検証できるか
◆どのようにウェブ情報を的確であると決定できるか
◆ウェブ情報の内容が理解しにくいと思ったら，どうしたらよいか

こうしたウェブ情報の活用について話し合うことは，教室で学んだことを実践しようする点で役に立つ。この学校の生徒たちは，効果的にウェブ情報を活用するためにガイドを直接見るよりも，このような話し合いが大切であると意見を述べた。

ウェブ情報の活用についての考察

この本で紹介した情報活用能力のモデルでは，生徒たちが学んだ事柄や課題を終える期限について考察することを教える要素がある。PLUS モデルでは，自己評価の段階でどのようにウェブ情報から情報を効果的に探し出して活用したか，生徒たちに考察させる。教員と司書教諭が情報活用能力のモデルを使うか使わないかにかかわらず，生徒たちには次のような質問をしたほうがよい。

◆検索の計画をしっかりと立てたか
◆的確な情報を検索するためにマインド・マップ［訳注：コンセプト・マップ］を用いたか
◆的確な情報を見つけるために自分の疑問に基づいたか
◆検索オプション・詳細検索を用いたか
◆ウェブ情報が役に立つかどうかをどのように決めたか
◆見つけたウェブサイトの中からどのように情報を探したか
◆検索に用いたキーワードを改めて見直す必要があったか
◆ウェブ情報を検索することについて何を学んだか

教員と司書教諭は予め課題の準備の時点で質問して生徒たちの答えを聞いて，生徒たちの課題に対応した質問のパターンを組み合わせることができる。こうすることで，生徒たちは課題をやり遂げる過程の一部として自分たちの検索のやり方を考察するのが，課題とは無関係の付け足しではなく，当然のこととして身につく。英国のリポン・グラマースクールの生徒たちは，

第 6 章　生徒のウェブ情報の使い方を上達させる　99

情報源を活用するには　Part 1：メモを取る

すでに評価した情報源から最適な情報源を 3 つ選んで始めます。残りの情報源は必要になったら使います。

それぞれの情報源について
・役に立つ情報を見つけるためにウェブページ全体をスキミングしなさい（氷の上の白クマがスケートをするようにネ）
・読む必要のある個所を見つけるために文章全体をスキャニングしながら疑問に意識を集中させなさい（白クマが水中メガネで鮭を探すようにネ）
・選んだ文章全体を注意深く読みなさい
・読みとったことを自分の考えた言葉に置き換えて書き取りなさい
・必要のない言葉はすべて取り去りなさい（ハンプティ・ダンプティの練習を思い出してネ），そして読んだ文章の中から最も大事な点を 10 の単語で表現して書きとめなさい

メモを記録するときに大切なことは丸写ししないことです。読み取ったことを考えて，書きとめてよいのは次の NUTS です。

・新しい（New）こと
・課題の目的に役立つ（Useful）こと
・伝えられる（Tell）こと，他の誰か（Someone）に（必要最低限で，自分の言葉で）

図 6.7　英国のリポン・グラマースクールの PLUS モデルを用いた情報の読み方のガイド

自分たちの最終目的を定めるように指導される。図 6.7 はウェブ情報の検索の改良に関するガイドの例である。

ウェブ情報活用のために一人ひとりの学習モデルを向上させるには

　教員と司書教諭は PLUS モデル，Big6 モデル，ISP モデル，NEW DET モデル（これらのモデルから派生した類似のモデルを含む）などの情報活用能力のモデルを上手に活用できたとしても，このような学習モデルを使うように強

いるより，生徒たちには自分たちの学習モデルを向上させるほうがよいとも考えられる。たしかにこうした試みが生徒たちの学習スタイルに適している。小学校の高学年，中学校，高等学校の児童生徒の多くは，ウェブ情報の活用を含めて一連の情報活用能力をどのように活用したらよいかを考察することができる。著者が訪れた学校では，生徒たちがグループでどのように検索の計画を立てて，検索を実行するのかを考察するように指導されているが，一人ひとりバラバラの演習になっている。こうした授業をすれば，教員と司書教諭は生徒たちがいずれ検索をするときに級友や教職員のアドバイスに従うと思い込むことが多い。実際には，生徒たちは授業で話し合ったことは直ちに忘れて，元の何も考えない検索に戻ってしまう。

　生徒たちが自分なりのウェブ情報の活用を思い描いて学校生活を通じて徐々に向上させてゆくならば，生徒たちのウェブ情報の活用方法は目覚ましく改善されるだろう。生徒たちはウェブ情報の活用を考察して成長につれて，経験を重ねて効果的な検索をするようになるという期待がある。著者の転用に関する研究（Herring, 2000）を含めて多くの研究では，ほとんどの生徒がウェブ情報に関する技能と能力を教科ごとやその時どきに応じて転用していない。生徒たちが自分の学習モデルをもっていて，（この点が重要だが）そのモデルが教員と司書教諭から使って向上させるように指導されていれば，そのモデルを自分のものとして，考察しながら活用することに意欲的になるだろう。これまで一人ひとりの情報活用能力の学習モデルやウェブ情報の活用モデルに関する研究はなかったと思われるが，今後，次のような学校における個人的な学習モデルの研究が必要とされる。

- ◆コンセプト・マップや流れ図などの図式の使用などの，小学校高学年から中学校の児童生徒たちの一人ひとりの学習モデルの向上
- ◆生徒たちに一人ひとりの学習モデルを比較対照させて，モデルに合わせた用語を使う授業の指導
- ◆課題に取り組むときには学習モデルを考察しながら用いるなどの，情報

検索をしてウェブ情報を活用するときの生徒一人ひとりの学習計画を指導する学校の全教科にわたる計画
◆ほかの学校の教員と司書教諭が実践して明らかになったことの共有

　学校の教員と司書教諭はそれぞれ自分のウェブ情報の活用のモデルをもっていると思われるが，頭の中で試したこともなく，文章化・図式化したこともないかもしれない。生徒たち一人ひとりの情報活用能力やウェブ情報活用のモデルの向上に前提となるのは，実務研修などで教員と司書教諭自身の学習モデルを向上させることであろう。

第6章のまとめ

　生徒たちをウェブ情報の利用者というよりウェブ情報の学習者にすることは学校での重大な課題であり，教員と司書教諭はウェブ情報の効果的な活用に関わる能力を学校図書館だけに限らず全教科で教育指導をすべきことを教職員全員に同意させるという課題に直面している。生徒たちがウェブ情報で効果的に学習できるようになることは，生徒たち自身の学習スタイルに合わせてウェブ情報を操作にとらわれずに深く考えて活用することにつながる。生徒たちがウェブ情報の検索が新しい試みであり新しい学習経験になるかもしれないと考えるようになれば，彼らの学習は改善する。

参考文献

Bilal, D., Sarangthem, S. and Bachir, I. (2008) Toward a Model of Children's Information Seeking Behavior in Digital Libraries. In *Proceedings of the Second International Symposium on Information Interaction in Context,* ACM, 145-51.

Chung, J. and Neuman, D. (2007) High school students' Information seeking and use for class projects. *Journal of the American Society for Information Science & Technology*, 58(10), 1503-17.

Herring, J. (2010) *School student, Question Formulation and Issues of Transfer: a constructivist grounded analysis*. Libri, 60(3), 218-29.

Kuiper, E., Volman, M., and Terwel, J. (2008). Students' use of Web literacy skills and strategies: searching, reading and evaluating web information, *Information Research*, 13(3), http://informationr.net/ir/13-3/paper351.html

Novak, J. and Canas, A. (2008) *The Theory Underlying Concept Maps and How to Construct and Use Them*, Institute for Human and Machine Cognition.

第 **7** 章

生徒たちが使う学習用ウェブサイトの作成：設計とソフトウェア

この章を読むと，
・学校での学習用ウェブサイトの活用について考察できる
・学校で用いる学習用ウェブサイトの設計の長所を評価できる
・学習用ウェブサイトの効果的な使い方を向上できる
・学習用ウェブサイトの設計と機能を評価して活用できる
・学校で教職員向けのウェブサイトの設計についての実務研修の内容を改善できる

はじめに

　この章では，学校で教員と司書教諭が使いやすい学習用ウェブサイトの設計について考える。学校の教科のウェブページに関する情報はあふれるほどある。教員と司書教諭が作成した学習用ウェブサイトの事例もある。こうしたウェブサイトは役に立つが，汎用的に最適化されていてもそれぞれの学校の生徒たちが活用できるようにつくられていない。手軽に扱えるソフトウェアの登場で教員と司書教諭が容易に迅速に，生徒たち一人ひとりに適した学習用ウェブサイトを設計できるようになった。ある学校で第8学年の生徒たちが気候変動を学ぶために入力する機能を付加して，地理の教員と司書教諭が設計した学習用ウェブサイトは，一般的なウェブサイトよりも生徒たちにとってはるかに役に立つと思われる。

　この章のねらいは，生徒たちに学ぶこと，探究する課題，トピックに関連した情報源を提示して，こうした情報源から学べる情報活用能力についてのアドバイスを含んだパッケージ・ソフトウェアを示し，教員と司書教諭に学習用ウェブサイトを設計できるソフトウェアを示すことである。こうした手法は，生徒たちにトピックに関連したウェブサイトのリスト集を単に示すも

のとは異なっている。この章の要点はこうしたウェブサイトを設計して，一連のソフトウェアの使い方を学ぶことにある。第8章では学習用ウェブサイトの内容に重点を置いて実際の例について論じる。

　この章では著者の考える学習用ウェブサイトの定義と，このようなサイトの機能の向上から導かれた利点を示し，ウェブサイトの設計の手法を評価し，学習用ウェブサイトの機能を向上させた一連のソフトウェアを検証して，高機能の学習用ウェブサイトに関する実務研修の例を示す。

学習用ウェブサイト

　著者は学習用ウェブサイトを，学校で教科の単元について学ぶ生徒たちのグループに向けて機能を向上させたウェブサイトと定義する。それらは限定的な学習用ウェブサイトも意味しており，他の学校でも使える可能性もあるが，いずれにせよ特定の生徒たちのグループの要求に応えるものである。学習用サイトの中には生徒たちがデジタル情報にアクセスするだけでなく，ウェブサイトを使って学べるように設計されたものもある。ここでの学習とは教科に関連する場合，あるいは情報活用能力の指導の場合もある。文章，画像，動画も含んだ学習用ウェブサイトに生徒の学習活動が組み込まれている。学習用ウェブサイトはその学校の生徒たちのために設計されるので，生徒たちと教員，司書教諭によってサイトが共有されることは学習用ウェブサイトの重要な点である。

　学習用ウェブサイトは学習というより教育に重点を置くこともあり，指導用のサイト（Herring, 2004）でもある。学習用ウェブサイトは言いかえると，学校全体の学習課程に適した教育用ウェブサイトを幅広く意味する「学習用教材」である。ロウらの研究（Lowe et al., 2010）によると，学習用ウェブサイトは，生徒たちに取り組む課題を示し，学習意欲を高め，学習の目的を明確にする，良質で視覚的なものでなければならない。教員と司書教諭は The Le@rning Federation（www.thelearningfederation.edu.au）のような，他の国々の学習用教材集にアクセスできる。このような学習用教材は大変役に立つ情報源

で高品質であるが，商業用で生徒たちの学習トピックに意図的に合わせて設計されたものもある。これらは個別の学校で使えるように設計されておらず，学外で設計された学習用教材では生徒たちの学習活動に使うのは難しいこともある。そこで個別の学校の学内向けに学習用ウェブサイトを設計するほうが，他の学習教材を使うよりも生徒たちが活動に取り組みやすい。

ウェブサイトの設計

これまでウェブサイトの設計は教員と司書教諭がHTMLの使い方を学び，サイトの中のコンピュータコードを編集しなければならず，技術の壁が大きかった。今日ではWikispace（www.wikispace.com）やYola（www.yola.com）のようなウェブサイトのパッケージソフトがあるのでHTMLを使う必要も無い。ウェブサイトの技術が発展したおかげで過去よりも容易になったが，設計する項目が重要であることは変わりない。教員と司書教諭がウェブサイトを作成するためのガイドは多くある。パパスのガイド（Papas, 2000）は学習用ウェブサイトを設計する初心者向けガイドとして優れている。このガイドでウェブサイトの設計にあたり推奨していることは次のとおりである。

◆ブレインストーミング—ウェブサイトに役立ちそうな内容を考える
◆図7.1に見られるように主な内容の項目の機能を向上させて見直す
◆ウェブサイトの中のそれぞれのページがどのようにリンクするかを示したフローチャートをつくる
◆サイト内のどこのページからもホームページ（トップページ）に戻って来られるように，利用者を導くためのサイトの案内の機能を向上させる
◆ウェブサイト全体の設計が首尾一貫したものになるように，ウェブページのレイアウトを工夫する

ステップ2：グループ化

　すべての項目を2から4のカテゴリーにグループ化します。できたらばカテゴリーに名前を付けます。名前はカテゴリーを表わして短くしてください。閲覧者を考慮して伝えたい情報を分けて考えるとよいでしょう。カテゴリーを生徒用と保護者用に作成できます。また学級別，学年別にカテゴリーをグループ化しても良いでしょう。注釈を付けたり，索引カードのようにしてみましょう。カテゴリーを整理し直してもよいでしょう。

お知らせ	授業の情報	保護者の方へ
宿題	文章作成のガイド	教員の連絡先
パズル	シラバス	ブック・リスト
活動	単元の目的	生徒の作品
カレンダー	教材のリスト	シラバス
テストの評定	ブック・リスト	宿題
生徒の作品	お勧めのリンク先	

Step 2: Grouping

Try to group all your items into 2 to 4 categories. See if you can come up with a name for each category. It should be short and descriptive. You might think about dividing up your information according to the viewer. You could make a category for students and another for parents or you might group by students in different classes or grades. You might try putting each item on a sticky note or index card and rearranging them into categories.

News	Class Info	For parents
Homework	Guide to writing	Contact me
Puzzles	Syllabus	Book list
Activities	Unit objectives	Student work
Calendar	Supply list	Syllabus
Test review	Book list	Homework
Student work	Cool links	

図7.1　パパスのウェブサイト設計のアドバイス

（http://www.edteck.com/eddesign/web_docs/Bottom_up.pdf）

第7章　生徒たちが使う学習用ウェブサイトの作成：設計とソフトウェア

　学習用ウェブサイトの設計で初めに気をつける点はその目的を明確にすることである。この点は以下の質問で明らかになる。このウェブサイトの機能を向上させるのはなぜか。答えは，このサイトが教科の教育に役立つからである。地震に関するウェブサイトをつくれば，生徒がデジタル情報を学校でも学校以外の場所でも使える。次に気をつけたいことは，このサイトは誰のためなのかということである。その答えは，地震の原因と影響を学ぶ第7学年の生徒たちのように，生徒たちの個別のグループが要求していることに適合していることを示す。第7学年の生徒の中には，読解に不自由を感じる生徒や英語を母語としない生徒，秀才で有能な生徒もいるから，生徒たちの要求はより細分化されることもあろう。最後に気をつけたい点は，このウェブサイトで実現したいことは何かである。答えは，地震に関する情報を読んで，ウェブサイトの内容を評価するように，このサイトが生徒たちの情報源の使い方を一変させるのに役立つからである。

　ウェブサイトの設計に関する優れた情報源の一つにリンチとホートン（Lynch and Horton）の Web Style Guide（2008）がある。ここでは，「2，3の最終目標を明確に短く述べることがウェブサイトの設計の根本である」と，ウェブサイトの目的を明確に示すことの重要性が強調されている。

　ウェブサイトの設計の第2段階はストーリーボード（展開）をつくることである。スミス（Smith, 2006）は短いながら指導的なストーリーボードの設計のガイドを発表した。ストーリーボードとはウェブページ設計のパッケージ・ソフトウェアを使う前に紙の上に描き出すウェブサイトの設計図である。優れたストーリーボードの設計として，著者は教員と司書教諭に大きい模造紙と付箋（Post-it）を使う方法を推奨する。まず大きい模造紙を使う前にA4判の紙にウェブサイトの設計の概略図を描く。図7.2は概略図の部分の例である。付箋（Post-it）を使うのは大きな紙のどこに貼るかを検討して，あちこち貼り替えることもできるからである。図7.3はストーリーボードの例である。

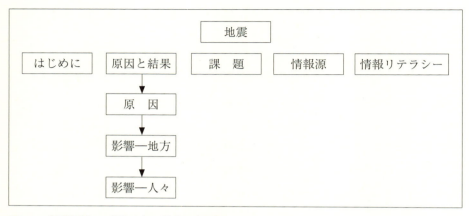

図 7.2 学習用ウェブサイトの計画の概略図

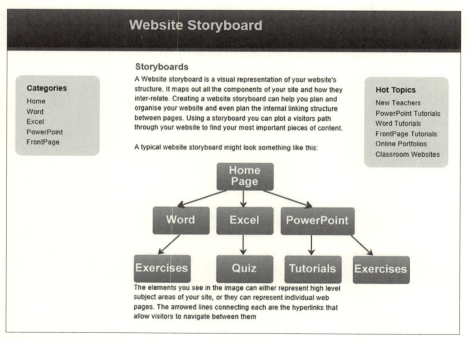

図 7.3 ストーリーボードの例

(http://www.electricteacher.com/classroomweb/initial.htm)

第7章 生徒たちが使う学習用ウェブサイトの作成：設計とソフトウェア

ウェブサイトの設計する上で考慮するべき点がいくつかある。パパス（Papas, 2000）やリンチとホートン（Lynch and Horton, 2008）らのウェブサイトの設計の専門家が強調するのは次の点である。

- ◆フォーマット―利用者はウェブサイトのフォーマットに一貫性があることを望んでいる。ほかのページにリンクしたりホームページ（トップページ）に戻ったりするナビゲーションのアイコンは常に同じ位置にあってほしい。サイトの内容を示すサイドバーはすべてのウェブページで見られるとよい。フォーマットの一貫性にウェブページ設計の成功の鍵がある。
- ◆テンプレート―ウェブサイト設計のパッケージ・ソフトウェアがテンプレートを提供している。学習用ウェブサイトの機能を向上させるなら，適したテンプレートを選ぶ必要がある。派手ではないが生徒たちの関心を惹きつけるテンプレートもあれば，娯楽的なサイトの作成に生徒たちを導いてしまうテンプレートもある。
- ◆色彩―ウェブサイトで使う色彩はサイトの使いやすさに強い影響を与える。教員と司書教諭はまばゆい色彩は避けたほうがよい。全体に文字を黒くするというように，控え目な色合いで始めるのも賢い選択でもある。多彩な色を用いることで利用者の利便性を高めることもあるが，色彩で生徒たちの印象に残したいというのは邪道である。
- ◆ナビゲーション―視覚で不自由を感じる生徒も含めたすべての生徒たちが，ウェブサイトの中も外部のサイトへも容易にリンクできることは重要である。ウェブの設計をする者は外部へのリンクができるタブやウィンドーでウェブページを設定する。
- ◆リンク―学習用ウェブサイトには外部のウェブサイトへ導く情報源のページが必要である。教員と司書教諭はこのページから専門的な情報のページにつながり，生徒たちが必要とする正確な情報へ直接導くようにする。「地震」に関するリンクならば，米国の地理協会の地震に関する

専門のサイトにリンクして，協会のホームページにリンクしないようにする。通常，必要なときにチェックしてリンクでき，強制的に生徒たちを外部のサイトに導くことがないようにしたい。Xenu's Links Sleuth（http://home.snafu.de/tilman/xenulink.html）のようにリンク先のアクセスが有効かどうかを確認するウェブサイトがいくつかある。

◆アクセスのしやすさ―学習用ウェブサイトは不自由を感じる生徒であっても，可能な限りすべての生徒の要望に応えるものでなければならない。教員と司書教諭は視覚で不自由を感じる生徒たちがサイトの内容を読めて，ほかの方法でも情報が得られるように，国立盲人協会などの組織に相談する必要がある。

◆画像・音声・動画―学習用ウェブサイトでは生徒たちの課題に助言を与える動画をポッドキャストで流すように画像・音声・動画を用いることはサイトの機能を高めることになるが，こうした機能が無意味でだらしない印象を与える場合もある。生徒たちは優れた音楽サイト・動画サイトにアクセスすることに親しんでいるので，画像・音声・動画が高品質で，また著作権フリーの写真であれば用いたほうがよい。生徒による画像・音声・動画の作品データはサイトの質を高めることになる。

学習用ウェブサイトを使いやすく魅力的なものにするために必要な事項はこれまで述べた点だけとは限らないが，以上の点を考慮すれば，生徒の学習に役立つ効果的な情報源になるであろう。

ウェブサイトの機能向上のためのソフトウェア

最近の5年間におけるウェブ情報の機能向上には第4章で考察したようにWeb2.0の進展が関わり，教員と司書教諭が扱うことのできるウェブサイト設計のためのソフトウェアは数を増やしてきた。ここで取り上げるツールは世界中の学校で頻繁に使われているパッケージ・ソフトウェアである。これらは最良のソフトウェアとは言い切れず，続々と最新のソフトウェアが登

場している。学習のための情報源の機能を向上させる新しいソフトウェアを追い求めることは教員と司書教諭の専門性を高めるために大切なことである。ここで評価対象となるソフトウェアはウィキ，ウェブサイト，プレゼンテーション・ソフトウェアである。

ウィキ

学校でのウィキの使用は短い期間でありふれたものになった。ウィキはある限られた利用者たちが投稿できるウェブサイトである。知名度の高いウィキがウィキペディア（http://en.wikipedia.org）であり，ウェブ上の百科事典として最もよく使われている。TeachersFirst（2010）は学校でウィキを使うときに役立つ初歩的な情報を提供してくれる入門ガイドで，ウィキは教室での網羅的で知的な情報発信源になる，つまりウィキは課題，授業計画，協働作業，評価基準表など全てとなると示唆している。生徒たちのグループや教職員の協働作業のために使えて，特定のトピックの教材集になり，写真や動画を掲載する野外調査のレポートにも，生徒たちの復習教材としても使える。

Wikispace（http://www.wikispaces.com/content/teacher）は教育用のウィキ作成パッケージ・ソフトウェアである。ほかのウィキのように，Wikispaceでは新しいウィキサイトを作成する者は登録しなければならない。一度登録すれば，ウィキのサイトの作成者はURLを取得して，ウィキのタイトルを選択できる。URLの例として著者の教え子の一人が作成したhttp://earlyconvictlife.wikispaces.com/がある。作成者はウィキサイトについて次の3つの設定を選べる。

公開―誰もが投稿できて，記事を編集できる。

保護―誰もが記事を閲覧できるが，記事を編集できるのはグループのメンバーに限られる。

限定―グループのメンバーだけが記事の閲覧と編集ができる。

学校の教員と司書教諭にとって，保護の設定が都合よい。それは共有の精神から他の学校の生徒たちと教職員が記事の内容を閲覧できても，権限を

持った教職員，生徒たちが記事の編集ができる。この保護の設定は，生徒たちがウィキに記事をアップロードすることを保護者に確認してもらう意味で重要である。

　ウィキは初心者でも空白のページに記事を書きこめて保存ができるという大変簡便な特徴がある。新しいページの作成と編集ができて，文章，画像，音声，動画を挿入できる。図7.4は米国のトゥルッテロット・メモリアル高等学校の生徒たち向けの気候変動に関する学習用サイトである。このページはウェブサイトが保護されていて，気候変動について学習する授業で左のツールバーから外部へリンクできることを示している。図7.5はこの学校の生徒たちのグループ・チーム1が画像を用いて作成したページで，他の生徒たちが「私たちの立場」などのボタンをクリックするとチーム1の生徒たちと意見交換できる仕組みになっている。

図7.4　米国トゥルッテロット・メモリアル高等学校の生徒たち向けの気候変動に関する学習用サイト　　　　　　　（http://climatechangedebate.wikispaces.com/home）

第 7 章　生徒たちが使う学習用ウェブサイトの作成：設計とソフトウェア　*113*

図 7.5　米国トゥルッテロット・メモリアル高等学校のグループ・チーム 1 が作成したページ　　　　　　　　　　（http://climatechangedebate.wikispaces.com/Team+1）

　教員と司書教諭のためのこうしたパッケージ・ソフトウェアには PB-Works（https://my.pbworks.com）と Wetpaint（www.wetpaint.com）がある。ウィキ作成ソフトウェアを使う前にいくつか試してみるとよい。

ウェブサイト

　ウィキは特定のフォーマットがあり，ウェブサイトの設計者には自由度の少ない仕組みに思える。Webs（www.webs.com），Weebly（www.weebly.com），Yola（www.yola.com）などの新しいウェブサイト作成パッケージ・ソフトウェアにはいくつかの共通する特色がある。ウェブサイト作成で自由度のある機能の一つとして教員と司書教諭にいくつものテンプレートを提供していることである。Webs は図 7.6 に見られるように 300 以上ものテンプレートを示してくれる。多くのパッケージ・ソフトウェアが最新のテンプレートの例を示してくれる。

図7.6　Webs のテンプレート　　　　　　　　　　　（http://www.webs.com/Signup）

　さらにウェブサイト作成ソフトウェアには教員と司書教諭が容易に記事情報を付加したり編集したりできる機能がある。文章（例：気候変動の要因の説明），画像（例：フリッカーから引用した気候変動の影響に関する写真），音声（例：教員や外部の専門家が作成した気候変動に関するポッドキャスト），動画（例：気候変動に関するさまざまな視点を示す動画へのリンク）を統合してウェブサイトに付加できる。

　ほかには生徒たちが話し合ったり，教室での学習活動を支援したりするためのブログやフォーラムを設定できる機能がある。Weebly と Webs はサイトの中にブログを設定できる。Weebly ではブログへのすべてのコメントを管理して，公開か，管理待ちか，拒否にするかを設定できる。多くのパッケージ・ソフトウェアにはウェブサイトを保護するためにユーザー名とパスワードでアクセスする人を認証する仕組みもある。これまで述べたウェブサイトを使えば，保護機能があるので安心して生徒たちの成果を公開できる。

　ほかのパッケージ・ソフトウェアと違う Weebly の有利な点は宣伝が現れないことである。宣伝で気を紛らわすことはあまりないかもしれないが，中等教育学校前期課程の生徒たちにはある意味，恩恵であり，後期課程の生徒

第7章 生徒たちが使う学習用ウェブサイトの作成：設計とソフトウェア　*115*

たちにも恩恵であろう。

　こうしたウェブサイト開発ソフトが無料ということは大切であり，何と言っても教員と司書教諭がお金を使わずに優れたウェブサイトを設計できることであろう。ただしすべてのパッケージ・ソフトウェアでは機能を付加するのに料金がかかる。vhylibrary.weebly.com を vhylibrary.com へ置き換えるようにドメインを新たに入手するのにも料金がかかる。

　図 7.7 は Weebly のサイトの例で，図 7.8 は Webs を使って開設したサイトの例を示している。

　このように教員と司書教諭が Weebly や Webs を使って学習用ウェブサイトを開設するのに多くの利点がある。パッケージ・ソフトウェアを提供する企業が存続する限り，開設したウェブサイトを保持してくれることは教員と司書教諭にとって大変ありがたい。今後 5 年先には新たに柔軟性の高いパッケージ・ソフトウェアが現れるので，もっと教育的な配慮の行き届くウェブサイトにするために，教員と司書教諭はウェブサイト運営管理先を換えることも考えておきたい。

図 7.7　米国のヴェンチョーラ高等学校図書館のサイト

（http://vhslibrary.weebly.com/）

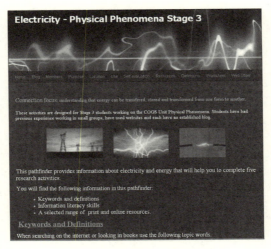

図7.8 フォレストヴィル公立学校の電気についての学習用ウェブサイト
（www.carolynfarrugia.webs.com）

プレゼンテーション・ソフトウェア

　これまで教員と司書教諭がパッケージ・ソフトウェアで生徒たちへのプレゼンテーションの新たな開発はできたが，こうしたソフトウェアには限界があった。Powerpointは学校でも幅広く使われていて，画像を含み動画情報へのリンクができるにしても，プレゼンテーションが動きの少ない傾向が強い。最新のパッケージ・ソフトウェアは教職員と生徒たちにウィキやウェブサイトに簡単に付加することができるプレゼンテーションを作成する機会を与えてくれる。学校でよく使われている，紹介したいソフトウェアが2つある。Animoto（http//:animoto.com）とPrezi（http://www.prezi.com）である。

　Animotoは動画作成ソフトウェアで，教員と司書教諭，生徒たちが使うことができる。マルチネク（Marcinek, 2009）はAnimotoが標準的な動画編集パッケージ・ソフトウェアよりもはるかに使いやすいと主張する。彼は「夕方に行われる学校説明会と言語創作の授業で生徒たちに小説のテーマ，登場人物の性格，を理解させるのに使った」そうである。このソフトウェアは学校で

使うのは無料であり，教員と司書教諭は短編の動画を作成する標準的なビデオレコーダとして使える。Animoto は切り取った映像に音楽を付加することもできる。

図 7.9 はマルチネクによる Animoto のプレゼンテーションの最初のページである。Animoto の例としてほかに学校図書館の紹介（Durst, 2009），米国のロッキンガム・カウンティ・パブリックスクールの理科の授業での野外観察，学校図書館に関する動画（RCPS, 2010）がある。

Prezi は生徒たちがトピックに取り組めるように，動画ではなく，画像を表示する。重要な特徴は画像を大きくしたり小さくしたりするズーム機能である。それによって教員と司書教諭は強調する図の一部（例：心臓の弁の重要性），図や定義（例：昆虫の一種）を示したいときにズームアップできる。ヒル（Hill, 2000）は教職員が教科のトピックを生徒たちに説明するときにズーム機能を本当に必要なのかを考えて使ってほしいと主張する。ヒルは Prezi を教員への実務研修に用いたことを紹介している。それはセント・メアリー・レッドクリフ・アンド・テンプル・スクールでの理科の授業支援の研修だった。ロビンソン（Robinson, 2010）は Prezi を第 12 学年の生徒たちへの情報活用能力のガンダンスの一部に用いた。それは生徒たちにソフトウェアを活用することも考えて情報活用能力にもっと関心を持ってほしいことを示すためだった。図 7.10 は「研究って何？」という質問で生徒たちに考えさせる，情報活用能力のプレゼンテーションの例である。

Amimoto と Prezi は教員と司書教諭が使う可能性を秘めたプレゼンテーション・ソフトウェアである。「学校で使うかっこいいソフトウェア」（Cool Tools for Schools, 2010）には教職員と生徒たちが使える 24 のプレゼンテーション・ソフトウェアが紹介されている。教員と司書教諭は新しいソフトウェアを学んで教育と学習に活かせる十分な時間があれば，自分たちの環境に会ったソフトウェアを選べる。

118

図7.9　アンドリュー・マルチネクによる Animoto のプレゼンテーション
（http://www.classroom20.com/forum/topics/hello-animoto）

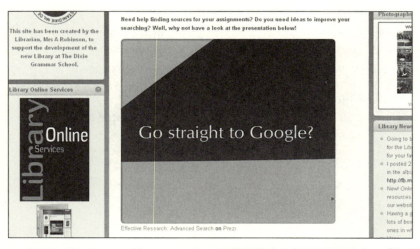

図7.10　英国のディキシー・グラマースクールの課題研究の考察に関するウェブサイト
（http://library-online.org.uk/2010/06/welcome-to-sixth-form-historians）

ウェブサイトの設計についての実務研修

学習用ウェブサイトのストーリーボード作成

目標
・学習用ウェブサイトの開発に向けてストーリーボードの技能を再確認する
・学校図書館担当教員のグループに学習用ウェブサイトの開発のストーリーボードの実習の機会を与える

方法
1. 教員たちを5人のグループに分ける。学校図書館担当教員のグループのメンバーはストーリーボードの技能を使って学習用ウェブサイトの構造設計を行う。ストーリーボードの技能については http://www.wtvi.com/teks/tia/images/allaboutwesley.ins.jpg のページを参考にすれば役に立つアドバイスが得られる。ウェブページのスタイルについては http://webstyleguide.com/wsg3/1-process/index.html が参考になる。ウェブページのスタイルには次の項目が必要と述べている。
　・ウェブサイトの最終目標を定める
　・ウェブサイトの対象者を定める
　・ウェブサイトの掲載内容を定める
2. この実習のねらいは生徒たちに火山研究のウェブサイトをどのように読ませるか教えるためのサイトの開発である。
3. 各グループでよく設計されて魅力的で使いやすい学習用ウェブサイトを作るように伝える。ウェブサイトの最終目標，対象者，内容を表わすラベルと語句を考えて，それらを貼ったり剥がしたりできる付箋に書かせる。それらの付箋を一定の順序で並べるように指示する。ウェブサイトはある階層性をもって完成するので，上位レベルの情報を決めさせる。ホームページから何が続くかを考え，利用者が欲しい情報を見つけ出すにはどうするのかとナビゲーションのリンク先も考えさせる。研修の参加者は大きな模造紙の上で付箋に書いたラベルを使って貼りながら並べ替えて検証できる。まだ正しいのか間違っているかの判断はつかないが，最終決定する前に試みと修正を繰り返す。
4. 各グループで設計したウェブサイトの計画図を壁に貼り付けて，学習用ウェブサイトの設計の問題点について話し合う。

図7.11　ウェブサイトの設計に関する実務研修

　教職員が情報通信技術（ICT）を教室や学校図書館で使うには多くの困難があり，新しいソフトウェアを使いこなすにはかなりの時間がかかると思っ

てしまうので，教職員に新しいソフトウェアに挑戦してみようと呼びかけるのは難しい。教員と司書教諭は自分たち自身を学習教材の作成者というより利用者と考えている。実務研修を実施することは教職員が不安のようなものを払拭して協働することを促す。

　図7.11は著者がオーストラリアと英国で行った実務研修の例である。この研修では教職員が一人ひとりで孤独にウェブサイトの設計にあたるのではなく協働作業を行うことの大切さを示した。

第7章のまとめ

　この章では学習用ウェブサイトと，どうしたら教員と司書教諭が生徒たちの学習教材となるウェブサイトを作成できるようになるかを取り上げてきた。その学校の個別の課題や教科に関して学習用ウェブサイトに何を盛り込むかという考えを形成することの大切さを強調してきた。学習用ウェブサイトを作成するための技能とソフトウェアにも重点を置いた。

　著者は，この章で紹介した見解とソフトウェアは今や教員と司書教諭の日常業務の一部になっていて，また同時に論じたソフトウェアを用いた方法は学校の教育と学習の改善に大きな影響を及ぼすものと考える。教員と司書教諭が学習教材の創造者になっていくとしたら，生徒たちも教材の創造者になれるだろうし，彼らの学習もより活発になるであろう。情報通信技術（ICT）は5年前と比べてもより使いやすいソフトウェアを提供している。教員と司書教諭が各々の学校の生徒たちのための学習用教材を作成し，提供する機会を与えてくれる。

参考文献

Cool Tools for Schools, 2010
　http://cooltoolsforschools.wikispaces.com/
Durst, J. (2009) *Penleigh and Essendon Grammar school: Animoto*
　http://slav.global2.vic.edu.au/2010/10/11/animoto-for-geography/
Herring, J. (2004) *Internet and Information Skills: a guide for teachers and school librarians,* Facet Pub-

lishing

Hill, P. (2010) *Thoughts on Using Prezi as a Teaching Tool,*
  http://prezi.com/bp-ovaykd9lb/thoughts-on-using-prezi-as-a-teaching-tool-adapted-from-paul-hill/

Lowe, K. Lee, L., Schibeci, R., Cummings, R., Phillips, R., Lake, D. (2010) Learning Objects and Engagement of Students in Australian and New Zealand schools, *British Journal of Educational Technology*, 41(2), 227-41.

Lynch, P. and Horton, S. (2008) *Web Style Guide: basic design principles for designing websites,* 3rd edn, Yale University Press,
  http://webstyleguide.com/wsg3/

Marcinek, A. (2009) *Hello Animoto,* Classrom2.0,
  http://www.classroom20.com/forum/topics/hello-animoto

Papas, P. (2000) *Design Your Website From the Bottom Up,*
  http://www.edteck.com/eddesign/web_docs/Bottom_up.pdf

Robinson, A. (2010) *Effective Research: advanced search,*
  http://library-online.org.uk/2010/06/welcome-to-sixth-form-historians/

Rockingham County Public Schools (2010) *Using Animoto in RCPS,*
  http://www.rockingham.k12.va.us/screencasts/animoto/animoto.htm

Smith, W. (2006) *How to Storyboard Your Website,*
  http://e-articles/e/a/title/how-to-storyboard-your-web-site/

TeachersFirst (2010)
  http://www.teachersfirst.com/content/wiki/wikiideas1.cfm

第**8**章

生徒たちが使う学習用ウェブサイトの作成：内 容(コンテンツ)

この章を読むと，
・学習用ウェブサイトのコンテンツの企画と作成ができる
・学習用ウェブサイトの教科に関するコンテンツの作成ができる
・生徒たち向けの電子版パスファインダーを開発できる
・学習用ウェブサイトに生徒たち向けの情報活用能力のガイダンスを組み入れることができる
・生徒たちの参加を促す学習用ウェブサイトを開発できる

はじめに

　第7章で強調したように，教科のトピックを学ぶ生徒たちの要求に適合した生徒たち向けの学習用教材は生徒たちが汎用的に学ぶ教材よりも専門的に設計されていると生徒たちには確実に思われるようになる。各学校で作成された学習用ウェブサイトは汎用的なものよりも生徒たちの学習意欲を高める。それは生徒たちがウェブサイトの中の自分たちの学校名と授業名を認識して，授業で学んでいること，彼らが取り組んでいる課題がウェブサイトの内 容(コンテンツ)に直接リンクすることにも気がつくからである。生徒たちが発見して評価したウェブ情報を付加するというような作業，彼らが学習用ウェブサイトの開発に今後いずれ関わるなら，学習意欲を高めて，ますます学習に励むようになる。

　学習用ウェブサイトの内 容(コンテンツ)の機能向上は教員と司書教諭にとって大きな挑戦と言える。学習用ウェブサイトの内 容(コンテンツ)には生徒たちのグループの要求に沿うように設計する指導書が必要とされる。第7章では学習用ウェブサイトの優れた設計の観点を検証してきたが，使用されている語が生徒たちの理

解力にそぐわないこともあるように，ウェブサイトの設計が優れていても生徒の要求に適合しなければ実用的なものにはならない。教員と司書教諭も，特に小学校，中学校（中等教育学校前期課程），高等学校のレベルを意識して，それぞれの生徒の能力と読解力に合わせた内容(コンテンツ)を考慮する必要がある。

この章では学習用ウェブサイトでの教科の内容，電子版パスファインダーの開発，ウィキとブログへの書き込みを生徒たちに促すことに注目する。その目標は学習用ウェブサイトの内容の機能向上に向けての一連の考えを示すことであり，教員と司書教諭が自らの学校に適応させた例を提示することである。

教科の内容(コンテンツ)

学習用ウェブサイトに教科の内容(コンテンツ)を含めることは生徒たちにオンライン学習を経験させることができる。オンライン学習は将来普及するので生徒たちに恩恵を施すことになる。学習用ウェブサイトの作成を企画する教員と司書教諭はどんな教科の内容(コンテンツ)をウェブサイトに盛り込むかを決定する必要がある。図8.1の英国のウィコム高等学校のように，第8学年の生徒たちのグループが地理学で「国家の発展」について学んでいるならば，ウェブサイトのこの部分は教科に関連した教材の目的に適合するようにしなければならない。この例では初めに「国家の発展」の定義について提示して，PowerPointでのプレゼンテーションと生徒たちのワークシートが続く。文章を詰め込みすぎないスッキリしたウェブサイトの好例である。

学習用ウェブサイトは活き活きとして，生徒たちを活動的にさせるものでなければならない。教員が生徒たちに「国家の発展」について長文を読ませたいのならば，それに適した図書やウェブサイトへのリンクを設定できる。学習用ウェブサイトの教科の内容(コンテンツ)は教室で教えられることの延長と見なすことができ，サイトを使うことで生徒たちにさらに学ぶ活動の機会を与えている。

図8.2も英国のウィコム高等学校の用語の定義を示している例である。生

徒たちが「Animated Coasts」のリンクにクリックすると図8.3の「アニメーションで見る海岸線」のウェブページにつながり，海岸線のアニメーションを見られる。生徒たちが学習用ウェブサイトを見ることは文章を読むより活動的な参加を促して，教科の学習に学習意欲を高めて取り組むようになる。

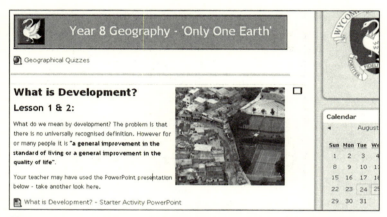

図8.1　英国のウィコム高等学校の地理で「(国家の) 発展」の定義を解説するウェブサイト
　　　　　　　　　　　　　　　（http://whs.moodledo.co.uk/course/view.php?id=1378）

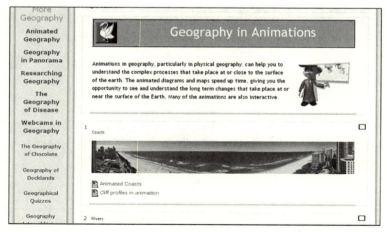

図8.2　英国のウィコム高等学校の地理のアニメーション・ウェブサイト
　　　　　　　　　　　　　　　（http://whs.moodledo.co.uk/course/view.php?id=1365）

第8章 生徒たちが使う学習用ウェブサイトの作成：内容 　125

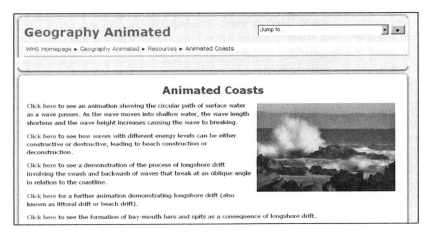

図8.3　英国のウィコム高等学校の「アニメーションで見る海岸線」のウェブサイト
（http://whs.moodledo.co.uk/mod/resource/view.php?id=963）

学習用ウェブサイトとしての電子版パスファインダーの開発

　パスファインダーは利用者を有益な情報源に導くために長年にわたり学校図書館，公共図書館，大学図書館で使われてきた。インターネットが普及する以前，パスファインダーは学校図書館で生徒たち向けのレファレンス用の印刷されたブック・リストだった。現在のパスファインダーは印刷資料と電子資料のオンラインリストになり，教員と司書教諭が介在して作成してきた。ヴァレンザ（Valenza, 2010）は「パスファインダーは情報社会の密林を通り抜ける探求者たちを導く」と述べている。米国のメスウェン高等学校のメディアセンターは「パスファインダーとは生徒たちが探求するトピックに関する多様な形態の情報源を選び出して提供するウェブページである。パスファインダーは探求をはじめる生徒たちのために有利な条件を与えてくれる」と述べている。図8.4と図8.5はパスファインダーの例である。図8.4は米国のジョン・ニューベリー小学校のパスファインダーの最初のページであり，学内・学外の一連の情報源が表示され，その情報源はパスファインダーに含まれている。児童が使うキーワードの説明もある。図8.5は米国の

リンカーン小学校（オハイオ州）のパスファインダーにある情報源のリストで，短い解説が付いている情報源もある。

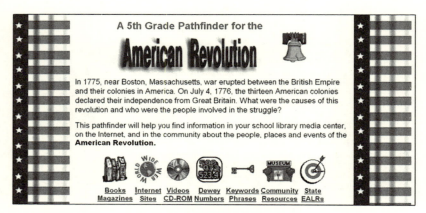

図 8.4 米国のジョン・ニューベリー小学校のパスファインダー
（http//nb.wsd.wednet.edu/lmc/pathfinders/american_rev_pathfinder.htm）

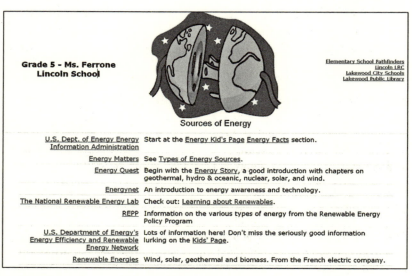

図 8.5 米国のリンカーン小学校のパスファインダー
（http//www.lcwdpl.org/schools/elempath/energy/index.html）

ヴァレンザ（Valenza, 2010）はパスファインダーを今ならウィキの形式にするのが望ましく，これには 10 の理由があると主張して，その理由として「ウィキ版パスファインダーは簡単に文書をアップロードできる。今日，パスファインダーは発表資料，配布物，評価基準表，手帳，生徒たちの作業モデルなどを掲載できること」，「ウィキは協働作業による文献情報であり…（中略）…ウィキは協働作業をする者たち（教員，生徒，助言者，専門家）を招き入れること」を挙げている。著者はウィキがパスファインダーを提示する手段として最適である点は同意するが，教員と司書教諭にはパスファインダーを学習用ウェブサイトの進化と捉えて，その可能性を広げてほしいと思う。学習用ウェブサイトしてのパスファインダーは次のような特長がある。

◆特定の集団に示す最初のページ
◆キーワードとその定義
◆教科に関する事柄と内容
◆情報活用教育のガイダンス
◆意味のある注釈を付した情報源の仲介

最初のページ

　最初のページでは生徒たちに再生可能資源のようなトピックについての短い手引を示すが，このパスフィンダーがその生徒たちのために設計されたことがはっきり理解されるなら生徒たちの関心も引きつける。図 8.6 はオーストラリアのバーデキン・クリスチャン・カレッジのパスファインダーのメインページで，明らかに第 6 学年と第 7 学年を対象としている。このパスファインダーがその学校のために作成され，ほかのウェブ情報とは違うことが判明する。

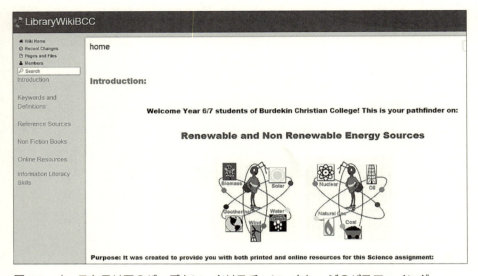

図 8.6　オーストラリアのバーデキン・クリスチャン・カレッジのパスファインダー
(http://librarywikibcc.wikispaces.com/)

　最初のページでは，再生可能資源に関する知識を増やすことと再生可能資源についての課題についての支援をすることが目的であるというように，このパスファインダーの目的も明確に掲げる必要がある。さらに，最初のページでは教員と司書教諭が事前に確認した情報源にアクセスすることで，生徒たちが情報源を探す時間の節約になることを説明できる。著者は，ウェブ情報を検索することは生徒たちにとって大切な技能で意味のある経験であるとしても，ウェブ検索で生徒たちがすべてのトピックや課題の情報源を見つける必要はないと主張してきた。

キーワードと意味

　生徒たちに学ぶトピックのキーワードと重要な単語の定義を示すことはスプーンで食べさせるように過保護すぎるように思われるが，こうしたキーワードと意味にはトピックの範囲と重要な問題点についてすべての生徒たちが考える手助けも含まれている。キーワードと意味の提示は生徒たちがコン

セプト・マップを作ったり，質問の明確化をしたりしなくてもよいと言うつもりはない。むしろ生徒たち，とりわけ能力に遅れが見られる生徒たちに指導しているのである。

　図8.7はオーストラリアのバーデキン・クリスチャン・カレッジで生徒たちに示しているキーワードと定義のリストである。パスファインダーのキーワードのリストは，たとえば再生可能資源について，教室で生徒たちとブレインストーミングを行った結果であろう。こうしたパスファインダーは教室で学んだことの強化となる。場合によっては教員と司書教諭が協働で行うパスファインダーや学習用ウェブサイトの開発は教員のブレインストーミングの研修を行うことを促すことになる。キーワードと意味は生徒たちにトピックの重要な側面を考えさせて，キーワードの意味はトピックのある側面についてさらに深く探求するための出発点であり，生徒たちの課題のテーマにヒントを与えることになる。

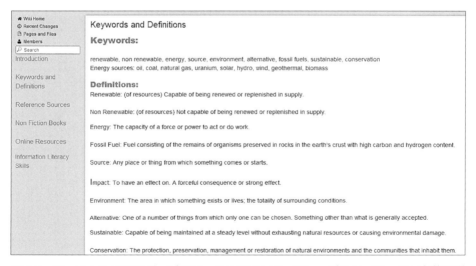

図8.7　オーストラリアのバーデキン・クリスチャン・カレッジのキーワードと定義の説明　　　　　　　　　　　　　　　　　（http://librarywikibcc.wikispaces.com/）

教科に関する事柄と内容

これまで論じて，図8.1から8.3で示したように，滅多にないものの，学習用ウェブサイトとしてのパスファインダーに教科の内容を盛り込むことには根強い論議がある。キーワードと意味を用いるように教科の内容は教室で学んだことを生徒たちに思い起こさせる手段になる。教科の内容は「教室で再生可能資源に関する学習」という見出し語にもなる。こうして教員と司書教諭はキーワードと意味の項目にも現れたキーワードを教科の内容の項目で強調することになる。教科の内容を含めることはパスファインダーや学習用ウェブサイトが，その場の付け足しではなく，彼らの教科学習の一部であることを想起させる。

情報活用教育のガイダンス

生徒たちへの学習のための情報源としてパスファインダーの重要な部分は，彼らに示す情報活用能力のガイダンスである。これは異なる形式になる。学校で用いている情報活用能力のモデルを生徒たちに想起させるものになる。図8.8はオーストラリアのアンバーベル・パブリック・スクールのPLUSモデルを示した例である。生徒たちはパスファインダーのさまざまな箇所の下の部分にモデルを解説付きで参照できる。より専門的なガイダンスが図8.9のロレト・キリビリ・スクールの例で，生徒たちのリフレクション・シートになっている。この例はISPモデルを用いた生徒たちへ向けたガイダンスで，生徒たちが事前の知識を考察して，トピックの定義に感じることの大切さを強調している。このシートは生徒たちに教員と司書教諭が彼らを支援してくれることも思い起こさせてくれる。こうした生徒たちの足場となるものは手法を示す役割がある点で重要であり，これが無いと生徒たちは課題の目的を定義することなく情報検索に飛びつくことになる。

目的《Purpose》
―何をすでに知っているか？
―何を見つけたいと思っているか？
―その情報で何をしようとしているか？

情報の所在と探索《Location》
―どこで的確な情報を見つけられるか？
―情報を見つけるのに手助けとなる図書館の目録をどのように使うか？
―関連する情報を見つけるのにインターネットを使えるか？
―その情報が役に立つかを知るにはどうしたらよいか？

情報の利活用《Use》
―関連する事項を見つけるためにスキミングすることはできるか？
―テーマに関連する的確な情報を選択できるか？
―見つけた情報を記録できるか？
―その情報を発表できるか？

自己評価《Self-Evaluation》
―すべての作業を終えたか？
―最善を尽くしてすべての要求と疑問に答えることができたか？
―今後の課題学習で情報探索能力を改善するとしたら，どうしたよいか？

図 8.8 オーストラリアのアンバーベル・パブリック・スクールの PLUS モデルを示した例
（http://ambarvaleps.pbworks.com）

　パスファインダーと学習用ウェブサイトでは生徒たちは自分たちのトピックについてコンセプト・マップを作成することになる。学校のパスファインダーの中にはコンセプト・マップの作り方やコンセプト・マップの例にリンクしているものもある。図 8.10 は生徒たちが課題に取り組むために Big6 モデルを用いた米国のリンカーン高等学校でコンセプト・マップを示した例である。生徒たちは充分にトピックを定義した後ウェブ情報の検索についてもアドバイスを受けられる。このマップから学校や Internet Tutorials（http://in

科目：近代史　第 11 学年　準備段階コース　2010 歴史に関する探索　リフレクション・シート 1　関心のあるテーマの選択 期間：2 学期 3 週目—5 月 4 日木曜日 この課題の 4 枚あるリフレクション・シートの 1 枚目です。情報の注釈を書き込む枠組みと参考文献は Wiki のページに更新して掲載してあります。教科の先生と司書教諭の先生は作業の過程をチェックし，必要があれば支援をします。テーマが決まっていない場合は支援しません。	
名前	
関心のあるテーマの領域	
なぜそのテーマの領域に関心があるのか？	
そのテーマについて知っていることはあるか？	
そのテーマに取り組むことについて困難に感じることはあるか？そのテーマの背景に関する理解度，情報源の所在に関すること，不安や負担に感じることなど。	

図 8.9　ロレト・キリビリ・スクールの生徒たちのリフレクション・シート

ternettutorials.net) のような学外で作成されたガイドにリンクできる。図 8.11 は米国のスプリングフィールド・タウンシップ高等学校が作成した検索のガイドの例である。

　情報活用能力のアドバイスのほかの側面のように，パスファインダーや学習用ウェブサイトで示されるアドバイスに生徒たちが不慣れではないことは大切な点である。示されるガイダンスは生徒たちが学校図書館と教室で教わったことを補強するべきものである。アドバイスを示した教員と司書教諭は全ての生徒たちがアドバイスを読み，そこからさらにリンク先をクリックすると思いこまないことも大切な点である。こうして生徒たちがパスファインダーや学習用ウェブサイトを使う実践の必要性が生じる。これは学校図書

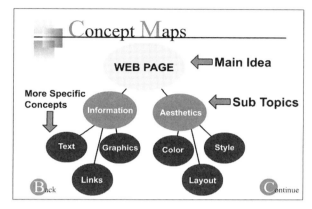

図 8.10　米国のリンカーン高等学校でコンセプト・マップの例示
（http://remc12.k12.mi.us/lhslib/big%205ix1.htm）

Sections

- What is a research project?
- But where do I start?
- Working source lists
- Source Cards
- Preparing to take notes
- Plagiarism
- In-Text Documentation
- Works Cited lists
- Working with Online Sources
- General MLA Style Citation
- Steps to a Finished Draft
- Guidelines for Multimedia and Web Page Production
- Steps in Online Searching
- Search Strategies
- Approaching Research

How to structure a good search engine query:

- Brainstorm several key words and phrases, the ones you think would appear in your dream document
- Also consider the words that should NOT appear in your dream documents for instance when researching the planet Saturn, you'll want to eliminate references to cars and automobiles. With Dolphins, you'll likely want to avoid football.
- Understand syntax, or the language of the search engine. This is revealed in the help or tips page and will guide you to how to use that tool most effectively.
- Put most important words and phrases first.
- Search nouns first.
- Consider phrases which words are likely to appear next to each other in exact order in good results? Names like ?Martin Luther King? ?vitamin A?
- Focus on nouns (verbs are often vague, stop words, like articles a, an, the are ignored by most engines)
- Consider alternate forms of words (truncate when you can) adolesc* for adolescent, adolescents, adolescence
- Check your spelling. Bad spelling usually turns up bad results.
- Follow more *like this* leads when you get a good result
- Good searchers use advanced search screens. They offer far more power and precision. (Google's Advanced Search)
- Use Boolean when you can, especially in databases. Remember that AND is your friend. Use AND to connect words and phrases.

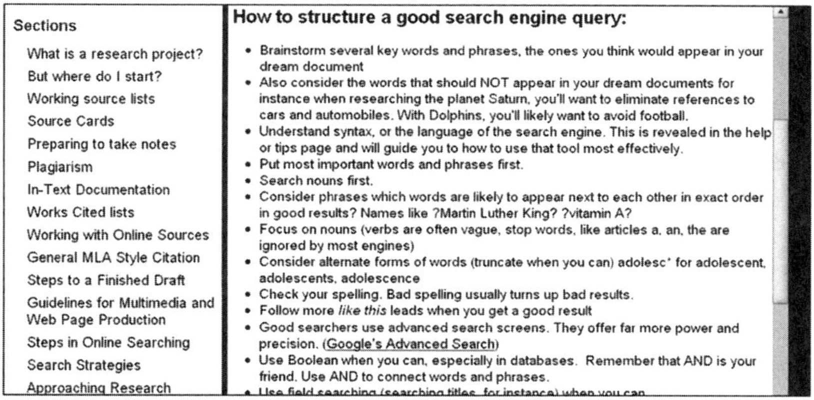

図 8.11　米国のスプリングフィールド・タウンシップ高等学校が作成した検索のガイド
（http://sdst.libguides.com/rguide/searchstrategies.html）

館で教えられて教室でも再び教えられる。またその逆の場合もありうる。こうしたオンライン学習は多くの生徒たちにとって初めての体験になるが，検索のアドバイスへのリンクや学習用ウェブサイトのアドバイスの表を示しても，それ自体を使ってもらえる保証はない。生徒たちに彼らが検索するト

ピック，キーワード，語句はどれか，どこで検索するのか，彼らが検索して使ったウェブサイトについての簡単な説明を書き入れる検索のワークシートを配ることもできる。学校によって生徒たちはこうしたワークシートの提出を求められることもある。同様のワークシートには生徒たちのメモを取る能力を育むために配られることもある。図 8.12 はオーストラリアのフォレストヴィル・パブリック・スクールのこうしたワークシートの一例である。

エネルギー資源

資源	採掘の方法は？	輸入の方法は？	発電方法は？	利点は何か？	欠点は何か？	再生可能か？
石炭						
石油						
天然ガス						

図 8.12　オーストラリアのフォレストヴィル・パブリック・スクールのメモの取り方の枠組み
(http://carolynfarrugia.webs.com/worksheet.htm)

注釈をともなった情報源の仲介

　これまで述べたように，今までパスファインダーは図書，ウェブサイト，そのほかのデジタル資料の単なるリストでしかなかったし，現在でもそのように使われることがある。パスファインダーには図書の著者，タイトル（デューイ十進分類法の分類記号も伴う場合もある），ウェブサイトのタイトルと URL も示される。こうしたことは中等教育学校の上級生や大学生には役に立つ情報かもしれないが，あまりにも形式的な基本情報である。学校でパスファインダーが学習用ウェブサイトの一部として使われるなら，示される情報源は教員と司書教諭によって生徒たちのグループの要求と能力を考慮して仲介されるものだけでなく，生徒たちに情報源の内容(コンテンツ)のガイドと効率的に

使うにはどうしたらよいかというアドバイスを示すものでもある。次に示す注釈は著者が教えるオーストラリアのチャールズ・スタート大学の司書教諭課程の学生の課題成果の例である。学生の諒解を得て，採録した。

　生徒たちに注釈をともなった情報源を示すとき，コンテンツに関するアドバイスはその情報源の書誌的記述だけでなく，教科の事項と生徒たちの学習内容の関連が理解される情報源の作成で生徒たちに取り組ませるようにする。最初の注釈の例は一般的な内容についての情報を与えるが専門的には図書に関する情報の一部を生徒の活動に結びつける。生徒たちに「考えてみましょう」とも書かれている。

　333.79 JAK ［訳注：デューイ十進分類法で333.79は「エネルギー」である］

Jakab, C. (2007) Energy use. McMillan, South Yarra, Australia
環境が深刻な脅威にさらされているか，持続可能な未来に向けての解決が求められているかについての基本情報はこの資料から体系的に得られます。代替エネルギーの供給についての情報が得られます（活動4）。疑問点があれば，未来について考えてみましょう。興味深い読書材で役に立つ用語集があります。

　第2の注釈の例は，ウェブサイトが生徒たちに課題に関わる活動を示すもので，能力のレベルの違いに応じた情報源である。生徒たちの学力レベルに合わせて情報源について理解しやすく注釈を叙述するのは難しいといえるが，この注釈では生徒たちが気に障るような言葉は使っていなかった。

BBC学校用ウェブサイト「つなげよう電気回路」（BBC Schools Website School Clips Changing Circuits）
http://www.bbc.co.uk/schools/scienceclips/ages/10_11/changing_circuits.shtml

この楽しいウェブサイトは活動2で使います。「つなげよう電気回路」は3つのコーナーに分かれます。「読む」では簡単そうでも興味深い情報や電気回路で使う図と記号も書かれています。「読む」を終えたらば「遊ぶ」に進みましょう。色彩豊かな画像で双方向の活動ができます。ここでは部品を入れ替えて違った回路を作ります。最後に「クイズ」が待っています。クイズに答えると得点が印刷されます。これらの学習活動には学力に応じたレベルが設定されています。

生徒たちに用いる情報活用能力のアドバイスも与えることができる。情報活用能力のアドバイスはすべての注釈には必要ないが，教員と司書教諭があらかじめ示した情報活用能力のガイダンスへリンクさせることは大変役立ち，注釈で情報活用能力について補足できる。第3の注釈は生徒たちにウェブサイトの典拠を評価する「検索のコツ」を示している。

ウェブサイト：代替エネルギー資源（Alternative Energy Source）次のURLで見られます。

http://saveenergy.about.com/od/alternativeenergysources/a/altenergysource.htm

この記事の最初の段落で，ジェフリー・オルロフ（Jeffrey Orloff）は私たちが代替エネルギー資源を探求する必要があるのかについて情報を与えてくれます。次に代替エネルギー資源についての説明があり，それぞれの資源についてかなり簡潔な定義が最初に示されています。このサイトで使われている用語は成人レベルです。検索のコツ：ウェブサイト評価のワークシートを使って，このサイトで探索しましょう。この作成者の信頼性があるかはどのようにわかりますか。About.comとは何ですか。このサイトが定評のある情報源であると見なせるかはどうしたらわかりますか。

注釈は生徒たちに，Big6モデル，ISPモデル，PLUSモデル，DET NEW

モデルのような学校で用いている情報活用能力の学習モデルを想起させることもできる。第4の注釈では学習用ウェブサイトの別の部分で示したPLUSモデルのアドバイスへ生徒たちを直接的に導く。

子どものためのエネルギー問題（Energy kids, 2006）Energy Australia.
www.energykids.energyaustralia.com.au

> このサイトは学校のイントラネットで簡単に開設できて，電気と安全性の部品セット（Electricity and safety kit, 2002 (363.ELE)）と接続しています。これはEnergy Australiaが2006年に作成した双方向の楽しいサイトで，網羅的な用語集があります。このサイトであなたの課題研究について情報を検索するには，目的を見失わないようにPLUSモデルの質問表を使います。

パスファインダーや学習用ウェブサイトで仲介された情報源に付された注釈に完璧なものはない。教員と司書教諭は注釈をいくつか作成して生徒たちにどれが好ましいか尋ねてみる。さまざまな注釈が含まれる情報源のリストになると考えられる。そこには主に情報源の内容に関する注釈，活動や課題に関する注釈，情報活用能力についてのアドバイスを含む注釈が含まれるであろう。注釈は言葉使いに気をつけたい。課題に取り組む生徒たちに適した言葉のレベルと文体で書かなければならない。注釈があまりに教訓的であったり，見下すような書き方であったりすると，生徒たちが嫌がるようになる。

生徒たちの参加

学習用ウェブサイトでウィキなどを使う教員と司書教諭にはサイトの内容を充実させるために生徒たちに関わってもらうという選択肢がある。こうした充実にはパスファインダーのリストに示された情報源を使ったときの生徒たちの意見や，再生可能エネルギーなどのトピックの情報を検索した結果を情報源のリストとして付加することの示唆の形式を取ると考えられる。ペン

リス・パブリック・スクールでは生徒たちが「ブッシュレンジャー［訳注：19世紀後半〜20世紀初期のオーストラリアで逃走した囚人たちで山賊となって強盗などの犯罪行為を行った者たち］」についての新聞を使ったレポートに取り組んだ。この研究課題に近隣の学校の生徒たちとともに取り組んだ。図8.13は生徒たちが新聞切り抜き資料作成パッケージ・ソフトウェア（http://www.fodey.com/generators/newspaper/snippet.asp）を使って作成したレポートの例である。この学校の生徒たちの課題の成果は学校図書館のウィキで表示され，生徒たちはお互いに課題の成果を比較して，近隣の学校の生徒たちと話し合うこともできた。

図8.13　生徒たちが新聞切り抜き資料作成ソフトウェアを使って作成したレポート
（http://penrithpslibrary.pbworks.com/w/page/15711757/Bushranger%20bounties）

　図8.14は生徒たちが参加したノルウェーのアレンダル・インターナショナル・スクールの例である。この学校の第7学年の生徒たちは祝典行事の授業で中国の正月行事・春節について調べた。生徒たちの参加はウィキに付箋を貼りつけるようにブレインストーミングを行う形式を取った。こうすることで生徒たちはお互いの意見を見られて，ウィキの画面でブレインストーミ

グの記録を残して，後で振り返ることができた。ブレインストーミングを教室で紙や黒板を使ったなら，生徒たちの考えの記録は跡形もなく消えてしまう。

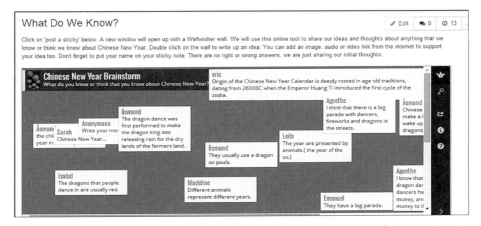

図8.14　ノルウェーのアレンダル・インターナショナル・スクールのブレインストーミング　　　（http://chinesenewyearcelebration.wikispaces.com/What+Do+We+Know%3F）

　学習用ウェブサイトへの生徒たちの参加は多くの形式が考えられ，生徒たちが学習用ウェブサイトに積極的に取り組むようになる。生徒たちが教員と司書教諭と同様に情報源を作る立場でもあると考えて，教員と司書教諭は生徒たちの参加を促すようになるだろう。生徒たちの参加として次のことが考えられる。

◆トピックのブレインストーミング
◆トピックについての探索質問の形成
◆トピックに関して発見したことのウェブサイトの開設
◆生徒たちが使ったウェブサイトについての意見・感想
◆生徒たちが読んだ創作読み物についての意見・感想
◆芸術や工芸のような生徒たちの課題の成果の提示

第 8 章のまとめ

　生徒たちに使わせる学習用ウェブサイトのコンテンツ（内容）の作成は教員と司書教諭にその学校独自に仕立てたサイトを創作させることになり，学校の学習活動と教育活動に意味のある貢献をする。パスファインダーを学習用ウェブサイトに取り入れることは教職員に生徒たちが使うことになる情報源を仲介させることにつながる。やがて学習のための情報源が生徒たちにとってさらに意味深いものになる。構成主義の学習と教育に対する考え方は生徒たちの関わりを促進させる。生徒たちの意見や感想，考え，情報源を投稿することを認めるとともに，彼らの要求に最適化した学習のための情報源を使わせるのに学習用ウェブサイトは理想的な手段である。学校は自分たちの学校の仮想的な学習環境であるイントラネットに閉じ込めるより，世界中の学校と情報源を共有する考えを持って，学習用ウェブサイトの開設を促進するべきである。

参考文献

Methuen High SchoolMedia Center (2010) *Pathfinders*
　http://www.methuen.k12.ma.us/pathfinders/Alternative%20Energy.htm
Valenza, J. (2010) *Ten Reasons Why Your Next Pathfinder Should be a Wiki*
　http://informationfluency.wikispaces.com/Ten+reasons+why+your+next+pathfinder+should+be+a+wiki

141

第**9**章

学校における次世代の ICT

この章を読むと,
・生徒たちに求められている 21 世紀の能力(スキルズ)を考察できる
・Web3.0 などの将来の情報通信技術の進展を評価して考察できる
・将来の学習のための技術を評価して考察できる
・学校における情報活用能力の育成を続けてゆく必要性に注目できる
・将来の教員と司書教諭の役割について考察できる

はじめに

　この本の前半の各章で見てきたように,最近の 5 年間で学校と一般社会において情報通信技術 ICT は急速に発展してきた。20 世紀の段階では 10 年か 20 年くらいで技術の変革が起こると予測されていたが,21 世紀の段階ではもはや予測がつかないほど進展している。
　学習活動と教育活動では技術の形式よりも,どのように私たち教員と司書教諭が技術を使って生徒たちに優れた教育の実践を提供できるかを問題にしている。学校での次世代の ICT へ期待といえば,第 2 章で探求したように,学校における学習活動と教育活動での ICT の将来についての論議を踏まえなければならない。2031 年にどんな技術が教育の現場を席巻しているのか,確実なことは言えないが,構成主義の教育への関わり方で強調していることが続いて,この先 20 年間の間に生徒たちが学習にますます参加するようになると主張できる。教員と司書教諭に学校における ICT の将来についての何らかの視点を示すために,この章では 21 世紀の能力(スキルズ),ウェブ技術の将来の進展,学習活動の将来の技術,教員と司書教諭の将来の役割,情報活用能力を持った生徒の育成の継続的な必要性を検証したい。

21世紀の能力(スキルズ)

　学校や大学で優秀な(効率的な)学習者になるために，さらには実社会で有能な(効率的な)就労者になるために，今日の生徒たちにどのような能力が求められているのか，これまで多くの論議がなされてきた。これは生徒たちが20世紀よりもさまざまな能力(スキルズ)を必要としていることを意味する。『21世紀の能力(スキルズ)のパートナーシップ』(Partnership for 21st Century Skills, 2010)によれば，重要な能力(スキルズ)とは学習・革新能力(スキルズ)，情報メディア技術能力(スキルズ)，生活・職業能力(スキルズ)である。続けて20世紀の生徒たちも同様の能力を必要としていたが，主にソーシャルメディアの分野では新しい能力(スキルズ)が必要とされるとも論じられている。

　教員と司書教諭は，すでに生徒たちがウェブ情報を使って身につけているかもしれないのに，フェイスブックやツイッターを使いこなす場合，必要とされる新しい能力(スキルズ)がさらに要求されているのか，じっくりと考察できる。マッケンジー(McKenzie, 2010)は21世紀の学習者に必要な13の能力(スキルズ)とは「推論(inference)，発明(invention)，革新(innovation)，探求(inquiry)……解釈(interpretation)……洞察(insight)」であると述べている。この13の能力(スキルズ)はiで始まっている単語を含んでいて頭韻を踏んでいるけれども，マッケンジーは生徒たちが情報を見つけるだけでなく，情報を活用するのに大切な能力(スキルズ)であることを強調している。ちなみに「推論(inference)」とは生徒たちが「行間を読み，手がかりをつかみ，簡単には解明できない意味を深く探る方法を理解でき，言葉の向こうにあるものを見つめなければならない」ことである。21世紀の能力(スキルズ)が論じられるときに大切な点は，今後さらに増大し，生徒たちが学校や社会で触れる文章，画像，動画の，情報・知識・概念を処理するために必要とする学習能力(スキルズ)に注目していることである。

ウェブ技術の将来の進展

　オーラ(Ohler, 2008)はWeb3.0としてのセマンティック・ウェブの出現を論じて，「セマンティック・ウェブとはコンピュータが解釈できる意味を持

たせることで人間にも幅広い意味を持つ情報を作りだす仕組みである」と述べる。これにより教員と司書教諭，生徒たちが今よりももっと多様な情報源から情報を見つけ出せることになる。オーラは「ウェブ検索の時代が到来すれば，セマンティック・ウェブは照合のための認証になり，情報を統合して，検索結果を相互参照してくれる」（Ohler, 2008）と述べている。

　こうしてWeb3.0は今日のWebソフトウェアを大幅に改善する。将来，検索エンジンは情報源から情報と知識を集めるかもしれない。ウェブサイトのリストを作成する代わりに，検索エンジンはさまざまな情報と知識を比較検討して利用者にレポートを作成して送ってくれるかもしれない。一部のWeb3.0のソフトウェアが使えても，教育に影響を与えるほどではなく，ウェブ検索で改良される多くの点も実現可能にしなければならない。一部の検索エンジンが動画再生に対応しているが，ほとんどが静止画対応に留まっている。司書教諭との対話よりも手間がかかるので，生徒たちとの対話型のレファレンスが実現できているサーチ・エンジンは無いに等しい。検索する者の目的を理解するために質問を投げかけるような知的なソフトウェアの出現を見るには，学校はWeb5，その先のWeb6まで待たねばならないのかもしれない。

　チャップマン（Chapman, 2009）は相当大きなスクリーンにウェブの画面が映し出されて，垂直というよりも水平にスクロールするようなウェブの新たな進展を示唆する。ウェブ上に対話型の雑誌も多く表れるだろう。印刷された雑誌と違い，静止画像と動画などの情報源とがリンクして一体化したものになる。チャップマンはこうした雑誌がソーシャルメディアを提供するかもしれないと示唆している。

　ウェブ上ではオンライン協働作業が行われる。Wridea（http://wridea.com）のようなソフトウェアを使えば，リアルタイムでブレインストーミングが可能になり，世界中のさまざまな場所や国の学校とともに協働で課題研究をおこなえる。ウェブでのテレビ番組の視聴はウェブで見ることを想定した番組の制作が急速に増加することになる。ウェブでの視聴の主流は娯楽番組かも

しれないが，教育用番組の制作の可能性があり，今以上に新しいソフトウェアが実現を容易にすると思う。

　チャップマンは，「新聞と雑誌がウェブに置き換わる最初のメディアだと思う。テレビと映画がウェブに置き換わるのも先の話ではない」しかしながら，図書は印刷の形態が好まれてゆくのではないか，と述べて，ウェブが世界中の人々の情報源の主流になるだろうとも示唆している。

　数年後に学校の教職員はウェブが使われる時代の変化に追いついていく必要があり，司書教諭は新しい進展の情報を学校の教職員へ伝えていく役割を担っていくであろう。

学習活動の将来の技術

　レイ（Ley, 2010, 133）はこれからの10年間，教育に影響を与えると思われる技術とその傾向の大きな展望を示している。彼が思い描く重要な技術的進展はモバイル・コンピューティングであり，学習の技術環境に「携帯電話，スマートフォン，ウルトラモバイルPCとモバイル・インターネット・デバイス，ゲーム・コントロール機，タブレット端末，メディア・プレイヤー，電子書籍リーダー，デジタルカメラ」が導入されると主張する。こうした新しい技術革新にはタッチ操作のアプリケーション，手書きや音声の認識性能の進展，多くの装置で使える高解像度の写真や動画などの映像品質の飛躍的進歩も含まれる。

　学校が直面している問題は実社会と同様に技術環境を日々刻々と換えていくことにある。モバイル学習が現実化すれば，インターネットに接続するだけでなく，生徒たちは学校の仮想学習環境で学べるようになる。生徒たちは保存されたレポート類，教員と司書教諭が作成した教材，仮想環境の学校図書館，ほかの学校の教室とのオンライン授業にアクセスできることを期待するであろう。

　多くの学校で最大の問題となるのは専門的な技術者と教職員の問題とともに財源である。これからの学校の問題はクラウド・コンピューティングなど

の技術に等しくアクセスできるかにかかっている。ルブラン（LeBlanc, 2008）は将来の学校の姿を楽観的に描いている。

> 教室に到着する。……生徒たちが教室へ入ってくる。授業の準備ができたとは思えないが，外国に設置された施設の研究者たちと話し合いに集中できるようにホログラフィックのプロジェクターが映し出している。それはまるで同じ教室にいるかのようだ。こうした技術では世界の最高水準の刺激的な教授陣と接することも可能になる。

国内外を結びつける技術が一般化するのは遠い将来のことではない。

教員と司書教諭の将来の役割

北米の国々，オーストラリア，英国では学校教育の将来像を構築してきたが，それは情報通信技術 ICT の基盤整備を含めたハード面の環境整備に意識を集中してきた。教員と司書教諭の将来の役割についてはほとんど無視していると言ってよいであろう。サッチ（Such, 2010）は将来の学校で教員が直面するいくつかの問題を描いている。その問題には，生徒たちが学ぶ場所がなにも学校だけに限らないと見なされるという学校そのものが変わってしまう件，専門教科以外の役割の責務を負わなければならなくなるという中等教育の学校（中学校・高等学校）の教員の役割が変化する件，「学校以外の家庭や職場，実社会で使われるソフトウェアと技術の使用への適応がますます重要になる」（Such, 2010, 4）という技術が変化する件がある。将来の教員たちは専門教科の知識を維持するが，自分たちの専門教科を教えるためにそれ以外の多くの専門的な知識・技術を使い，生徒たちをもっと深く教科の知識の探求に取り組ませるようになると思われる。そのためにもっと多くの教員たちが生徒たちに寄り添って学ばせることになる。

将来，情報の物理的性質がどのように変化するのかはわからない。現在の学校図書館は依然として相当な量の印刷された図書群を維持しており，こう

した蔵書を管理することが司書教諭の重要な任務とされている。この先,十年以内は起こるはずはないと多くの人は思っているけれども,もし仮に,あるいは現実に印刷された図書が使われなくなったとしたら,さまざまな予測ができる。確実に将来の学校図書館の印刷された図書群は減り,学校によってはデジタル図書館（ヴァーチャル・ライブラリー）を実現して一歩先んじているであろう。司書教諭が管理して,生徒たちと教職員に学習教材として必要な時に供給される学校図書館のコレクションが残ることは明らかである。司書教諭にはこうした学習教材を作成するシステムを管理することが求められている。学校図書館に印刷された図書があろうとなかろうと,司書教諭は学校の管理職に自分たちの役割を認めさせる問題に立ち向かうことになろう。ヘイとフォリー（Hay and Foley, 2009）は,これからの司書教諭は電子書籍がありふれたものになる環境に向き合い,生徒たちが学習用教材へ簡単にアクセスできるようなシステムを導入して,学習課程の中で情報モラルを学べるようにすると論じている。

　教員と司書教諭の協働は将来にわたりますます重要になる。教員と司書教諭が協力して作成する学習用教材がさらに活用されて, e ラーニングとモバイル・ラーニングが中等教育学校（中学校・高等学校）で次第に行われるようになると,教員と司書教諭はますます相互に依存することになる。

情報活用能力を持った生徒の育成

　将来の情報通信技術 ICT の進展は予想できないが,生徒たちは確実に学校の内外で今よりもさらに情報と接することになり,情報源の究極の選択と思われることに対処する能力を身につける必要に迫られる。生徒たちが学校や幅広い実社会で情報活用能力を身につけた一員として成長し続けることは重要になり,教員と司書教諭は生徒たちが情報を効率よく探せるように教育しつづける必要がある。上記で述べたように,これからの学校図書館では,オンラインのインターネットで,あるいはパスワードでアクセス可能な安全に蓄積された教材の情報を入手できる統合された基盤システムから情報を生

徒たちは発見するようになる。生徒たちは彼らを取り巻く学習環境で期待されるように情報活用について効率的に計画を立てて，評価をして，解釈をして，統合できることが求められている。教員と司書教諭はこれからの生徒たちが学習用教材と情報源にアクセスして解釈することについてさらに話し合うようになれば，生徒たちは情報源の活用について考察を深めるようになる。このことは教員と司書教諭にとって難しい挑戦である。というのも，多くの人々が情報とは普遍的に存在して（つまりユビキタスであり），簡単に入手できて理解されると信じているからであり，こうした考えはスマートフォン（いずれ生徒たちは i-set とか i-tool と呼ぶかもしれない）などの ICT 機器が教育用に使われるのでますます強くなっていると思われる。こうした将来使われる用語は情報機器の市場関係者が定義しているので教員と司書教諭は詳しくないと思える。著者がデジタルリテラシー，メディア・リテラシー，ヴィジュアル・リテラシーなどの能力と一体化したものと考えている情報活用能力は，これからの学校で学習活動と教育活動をどのように展開できるかという点を学校の教育課程で決定するときに，さらに注目されるであろう。

第9章のまとめ

　学校における次世代の情報通信技術 ICT は教員と司書教諭に情報資源にアクセスして，学習教材を作成できる新しいソフトウェアをもたらす。それぞれの学校が思い描く将来像は違うかもしれないが，生徒たちを効果的に考察できる学習者として育成するという根本的な学校の目的は変わることがない。

参考文献
Chapman, C. (2009) *The Future of The Web: where we will be in five years?*
　　http://www.noupe.com/design/the-future-of-the-web-where-will-we-be-in-five-years.html
Hay, L. and Foley C. (2009) School Libraries Building Capacity for Student Learning in 21C, *Scan,* 28(2), 17-24
LeBlanc, M. (2008) *The Future of Technology and Education,*

http://www.neowin.net/news/the-future-of-technology-and-education

Ley, D. (2010) Emerging Technologies for Learning. In Parkers, D. and Walton, W. (eds) *Web 2.0 and Libraries: impacts, technologies and trends,* Chandos Publishing.

McKenzie, J. (2010) The 21st Century Bookmark, *From Now On,* 19(3)
http://fno.org/Jan2010/bookmark.html

Ohler, J. The Semantic Web in Education, *Education Quarterly, 31(4)*
http://www.educause.edu/ero/article/semantic-web-education

Partnership for 21st Century Skills (2010) *Framework for 21st Century Learning,*
http://www.p21.org/index.php?option=com_content&task=view&id=254Itemid

Such, D. (2010) *Education Futures, Teachers and Technology,*
http://www2.futurelab.org.uk/resources/documents/other_research_reports/Education_futures.pdf

参考文献

Bilal, D., Sarangtheim, S. and Bachir, I. (2008) Toward a Model of Children's Information Seeking Behavior in Using Digital libraries. In *Proceedings of the Second International Symposium on Information Interaction in Context*, ACM, 145-51.

Boswell, W. (2010) How to Search the Web Faster, and More Efficiently, http://websearch.about.com/od/searchingtheweb/tp/web_search_simple.htm.

Brisco, S. (2007) Which Wiki Is Right For You?, *School Library Journal*, www.schoollibraryjournal.com/article/CA6438167.html.

Brown, J. (2002) *Why Evaluate Web Information*, www.ed.uiuc.edu/wp/credibility/page2.html

Butt, G. (2006) *Lesson Planning*, 2nd edn, Continuum International.

Capel, S., Leask, M. and Turner, T. *Learning to Teach in the Secondary School: a companion to school experience*, Routledge.

Carlson, C. (2002) Notes from the Trenches: the seven commandments of highly effective searching.
www.llrx.com/columns/notes54.htm.

Chapman, C. (2009) The Future of The Web: where will we be in five years?, www.noupe.com/trends/the-future-of-the-web-where-will-we-be-in-five-years.html

Chung, J. and Neuman, D. (2007) High School Students' Information Seeking and Use for Class Projects, *Journal of the American Society for Information Science and Technology*, 58(10), 1503-17.

Durst, J. (2009) Penleigh and Essendon Grammar School: animoto, http://slav.globalteacher.org.au/picture-gallery/penligh-and-essendon-grammar-school-animoto.

Eash, E. (2006) Podcasting 101 for K-12 Librarians, *Information Today*, www.infotoday.com/cilmag/apro6/each.shtml.

Edublogs (2008) Way to *Use Your Edublogs*, http://edublogs.org.

Eisenberg, M. and Berkowitz, B. (2010) *The Definitive Big6 Workshop Handbook*, 4th edn Campbell, CA: Paw Prints.

Gibson-Langford, L. (2007) Collaboration: force or forced? Part 2, *Scan*, 27(1), 31-7.

Hay, L. and Foley, C. (2009) School Libraries Building Capacity for Student Learning in 21C, *Scan*, 28(2), 17-24.

Herring, J. (1996) *Teaching Information Skills in Schools*, Library Association Publishing.

Herring, J. (2004) *The Internet and Information Skills: a guide for teachers and school librarians*, Facet Publishing.

Herring, J. (2010a) Year 12 Students' Use of Information Literacy Skills: a constructivist grounded analysis. In Lloyd, A. and Tarja, S. (eds) *Practising Information Literacy: bringing theories of learning, practice and information literacy together*, Centre for Information Studies, Charles Sturt University.

Herring, J. (2010b) School Students, Question Formulation and Issues of Transfer: a constructivist grounded analysis, *Libri*, in press.

Herring, J. and Bush, S. (2009) Creating a Culture of Transfer for Information Literacy Skills in Schools. In Ainsworth, A., Crothers, G., Lopez, C., Pritchard, M. and Scott, C. (eds) *Engage explore celebrate: ASLA XXI Biennal Conference Proceedings 2009*.

Herring, J. and Tarter, A. (2007) Progress in Developing Information Literacy in a Secondary School Using the PLUS Model, *School Libraries in View*, 23, 23-7.

Hill, P. (2010) *Thoughts on Using Prezi as a Teaching Tool*. http://prezi.com/rfsnedhqmhqa/thoughts-on-using-prezi-as-a-teaching-tool.

Hock, R. (2007) *The Extreme Searcher's Internet Handbook: a guide for serious searcher*, 2nd edn, Cyberage Books.

Holmes, A. and Tobin, E. (2005) Motivation Through Collaboration at St George's School of Montreal, *School Libraries in Canada*, 25(2), www.clatoolbox.ca/casl/slic/SLICVol25issue2.pdf.

James, M. (2007) *Improving Learning How to Learn: classrooms, schools and networks*, Routledge.

Johnson, D. and Lamb, A. (2007) *Evaluating Internet Resources*, http://eduscapes.com/tap/topic32.htm.

Killen, R. (2007) *Effective Teaching Strategies: lessons from research and practice*, 4th edn, Thompson Social Science Press.

Kuhlthau, C. (2004) *Seeking Meaning: a process approach to library and information services*, 2nd edn, Libraries Unlimited.

Kuhlthau, K. Maniotes, L. and Caspari, A. (2007) *Guided inquiry: learning in the 21st century*, Libraries Unlimited.

Kuiper, E., Volman, M. and Terwel, J. (2008) Students' Use of Web Literacy Skills and Strategies: searching, reading and evaluating Web information, *Information Research*, 13(3). http://informationr.net/ir/13-3/paper351.html.

Lamb, A. and Johnson, B. (2007) *An Information Skills Workout: wikis and collaborative writing*,
http://eduscapes.com/hightech/spaces/collaborative/wikiTL.pdf.

Langford, L. (1998) Information Literacy: a clarification, *School Libraries Worldwide*, 4(1), 59-72.

LeBlanc, M. (2008) *The Future of Technology and Education*,
www.neowin.net/news/the-future-of-technology-and-education.

Ley, D. (2010) Emerging Technologies for Learning. In Parkes, D. and Walton W. (eds) *Web 2.0 and Libraries: impacts, technologies and trends*, Chandos Publishing.

Lowe, K., Lee, L., Schibeci, R., Cummings, R. Phillips, R. and Lake, D. (2010) Learning Objects and Engagement of Students in Australian and New Zealand Schools, *British Journal of Educational Technology*, 41(2), 227-41.

Lynch, P. and Horton, S. (2008) *Web Style Guide: basic design principles for designing websites*, 3rd edn, Yale University Press,
www.webstyleguide.com/wsg3/index.html.

Marcinek, A. (2009) *Hello Animoto*, Classroom 2.0,
www.classroom20.com/forum/topics/hello-animoto.

Markless, S. (ed.) (2009) *The Innovative School Librarian*, Facet Publishing.

McKenzie, J. (2010) The 21st Century Bookmark, *From Now On*, 19(3),
http://fno.org/Jan2010/bookmark.html.

McPherson, K. (2006) Wikis and Literacy Development, *Teacher Librarian*, 34(2), 70-2.

Methuen High School Media Center (2010) *Pathfinders*,
www.methuen.k12.ma.us/pathfinders/Alternative%20Energy.htm.

Montiel-Overall, P. (2008) A Qualitative Study of Teacher and Librarian Collaboration, *Scan*, 27(3), 25-31.

New South Wales, Department of Education and Training (2006) *About Quality Teaching*, https://www.det.nsw.edu.au/proflearn/areas/qt/qt.htm.

New South Wales, Department of Education and Training (2007a) *Information Skills in the School*,

www.curriculumsupport.education.nsw.gov.au/schoollibraries/teachingideas/isp/index.htm.

New South Wales, Department of Education and Training (2007b) *Information Skills in the School*,

www.curriculumsupport.education.nsw.gov.au/schoollibraries/teachingideas/info_skills/assets/infoprocesscycle.pdf.

Notess, G. (2006) *Teaching Web Search Skills*, Information Today, Inc.

Novak, J. and Canas, A. (2008) *The Theory Underlying Concept Maps and How to Construct and Use Them*, Institute for Human and Machine Cognition.

O'Connell, J. (2006) Engaging the Google Generation Through Web 2.0, *Scan*, 25(3), 46-50.

Ohler, J. (2008) The Semantic Web in Education, *Educause Quarterly*, 31(4), www.educause.edu/EDUCAUSE+Quarterly/EDUCAUSEQuarterlyMagazineVolum/TheSemanticWebinEducation/163437.

Pappas, P. (2000) *Design Your Website From the Bottom Up*, www.edteck.com/eddesign/web_docs/Bottom_up.pdf.

Partnership for 21st Century Skills (2010) *Framework for 21st Century Learning*, www.p21.org/index.php?option=com_content&task=view&id=254&Itemid=119.

Porter, J. (2003) *Testing the Three Click Rule*, www.uie.com/articles/three_click_rule.

Prensky, M. (2009) H. Sapiens Digital: from digital immigrants and digital natives to digital wisdom, *Innovate*, 5(1), www.innovateonline.info/index.php?view=article&id=705.

Pritchard, A. (2009) *Ways of Learning: learning theories and learning styles in the classroom*, 2nd edn, Routledge.

Robinson, A. (2010) *Effective Research: advanced search*, http://library-online.org.uk/2010/06/welcome-to-sixth-form-historians.

Rockingham County Public Schools (2010) *Using Animoto in RCPS*, www.rockingham.k12.va.us/screencasts/animoto/animoto.htm.

Ryan, K. and Cooper, J. (2010) *Those Who Can, Teach*, Wadsworth Cengage Learning.

Schmidt, R., Kowlaski, V. and Nevins, L. (2010) Guiding the Inquiry Using the Modified SLR, *School Libraries Worldwide*, 16(1), 13-32.

Schrock, K. (2009a) *Critical Evaluation Surveys*, http://school.discoveryeducation.com/schrockguide/eval/html.

Scottish Library and Information Council (2006) *Validity of Information*, www/ictl.org.uk/U1O3CG/page_02.htm.

Shambles.net (2010) Google Earth Lessons, www.shambles.net/pages/learning/GeogP/gearhplan.

Smith, W. (2006) *How to Storyboard Your Website*, http://e-articles.info/e/a/title/How-to-Storyboard-Your-Web-Site.

Spence, C. (2009) *Leading with Passion and Purpose*, Pembroke.

Steffens, P. (2008) *Diigo – 21st Century Tools for Research, Reading and Collaboration*, www.amphi.com/~technology/techtalks/online/novo8/bestpract.htm.

Such, D. (2010) *Education Futures, Teachers and Technology*, www.futurelab.org.uk/resources/documents/other_research_reports/Education_future.pdf.

TeachersFirst (2010), www.teachersfirst.com/content/wiki/wikiideas1.cfm.

UC Berkeley Library (2009) Finding Information on the Internet: a tutorial, www.lib.berkeley.edu/TeachingLib/Guides/Internet/Strategies.html.

University of Queensland Library (2008) *Internet Resource Evaluation: how-to-guide*, www.library.uq.edu.au/ssah/useits/inteval.pdf.

Valenza, J. (2010) *Ten Reasons Why Your Next Pathfinder Should be a Wiki*, http://informatonfluency.wikispaces.com/Ten+reasons+why+your+next+oathfinder+should+be+a+wiki.

Web2 Tutorial (2008) *Web 2.0 Tutorial*, http://webu2tutorial.wikispaces.com.

Wetzel, D. (2005) *How to Weave the Web into K-8 Science*, NSTA Press.

訳者あとがき

　本書はジェームス・E. ヘリング（James E. Herring）著，*Improving students' web use and information literacy : a guide for teachers and teacher librarians*（2011）の翻訳である。ヘリング氏は情報活用能力の学習モデル PLUS モデルの提唱者としてもよく知られている。情報活用能力の学習モデルには本書でも紹介される M. アイゼンバーグと R. バーコヴィッツが提唱した Big6 モデル，C. クルソーの ISPA（Inquiry）モデルが知られているが他にも相当数ある。

　以前，翻訳した『学校における情報活用教育』（日本図書館協会，2002 年，原著は 1996 年刊行）では，今日と比較してインターネットのツールがあまり発達していなかったので，学校図書館の紙媒体と CD-ROM の活用が中心であったが，本書では Web2.0 以降のインターネットのツールの活用が中心である。

　そのほか，教育理論と PLUS モデルの解説が叙述されている。

　ヘリング氏は教育理論の行動主義（Behaviourism）と構成主義（Constructivism）の対立を本書で提示している。行動主義とはスキナーを代表とする教育心理学の考え方で，反復によって行動と認識に変化をもたらし学習が進展すると考える。一方，構成主義では学習を，反復や暗記によって知識を身につけるのではなく，既に知っている知識と新しい情報を結びつけ，物事を関連づけて体系化された知識を構築することを目指すと考える。ヘリング氏は構成主義の考えを支持している。

　本書では言及されないが，行動主義と構成主義の対立はブラジルの民衆教育の実践家であったパウロ・フレイレ*が提唱した《銀行型教育》と《課題提起学習（教育）》の対立の構図とよく似ている。《銀行型教育》では教育者を「預金者」とみなし，教育を受ける被教育者（児童・生徒）を「空っぽの

金庫」にたとえて，フレイレは従来の教育の在り方を徹底的に批判した。《銀行型教育》では教育者は一方的に知識と技術を被教育者に与え続ける。被教育者は知識と技術の習得を強要される。それに対して《課題提起学習（教育）》では課題を解決するために学習者が集まり，それぞれが持っている知識と技術を交換して共有することを目的とする。学校において《課題提起学習（教育）》を実践するには教育者は学習者の輪の中で指導的な調整役（ファシリテイター）となる。こうして学習者は既に知っている知識と新しい情報を結びつけて体系化していく。

　＊パウロ・フレイレ著『被教育者の教育学』小沢有作（ほか）訳　亜紀書房 1979

　　パウロ・フレイレ著『被教育者の教育学：新訳』三砂ちづる訳　亜紀書房 2011

　PLUS モデルは本書でも紹介されているように，《目的 Purpose》《情報の所在の探索 Location》《情報の利活用 Use》《自己評価 Self-evaluation》の4段階のモデルである。英国のマイケル・マーランドらの 9 steps model などの研究を背景に考案されたもので，前訳書でも詳細に紹介されている。

　本書では Web2.0 以降，インターネットのトゥールの活用が解説されている。Wiki といえば Wikipedia と Wikileaks が思い浮かぶ。しかしながら Wiki には驚くほどさまざまなトゥールが存在して，学校教育でも大いに活用できることが本書で説き明かされている。そのほか，本書ではプレゼンテーションソフトとしてクラウド系の Prezi が紹介されている。Google 検索でも検索オプションを活用することの重要性も解説している。訳しながら，これらのトゥールの活用に瞠目することが多かった。

　翻訳にあたり，不適切な表現には十分に配慮したつもりだが，至らない点も少なくない。その責任は訳者にあり，著者にはないことを明記する。

　最後に著者であるジェームス・E. ヘリング氏の略歴を紹介する。スコットランド出身で，スコットランドのクイーン・マーガレット大学，オースト

ラリアのチャールズ・シュルト大学を歴任して教鞭をとり，2012 年に退職した。国際図書館連盟（IFLA），国際学校図書館協会（IASL）などで研究発表，講演，ワークショップを行ってきた。現在は世界各地を旅しながら，写真を撮って自身のブログで公開している。学校図書館と情報活用教育に関する著書が 11 冊あり，研究論文も多数ある。これから居住するスコットランドの町ダンバーの歴史を執筆するそうである。さまざまな文献と情報を駆使した著作になるであろうと期待する。

2015 年 4 月　滞在先のフランス・レンヌ市にて
須永　和之

索引

【アルファベット】
Big6 モデル　74-76, 99, 131, 136
Google　26-28, 31-35, 39-41, 43, 68, 80, 83-85, 89
ICT　10-11, 44, 119-120
ISP モデル　74, 76-77, 99, 130, 136
NSW モデル　78-80, 99, 136-137
PLUS モデル　15, 74, 80-82, 92, 98-99, 130-131, 136
Web2.0　58-71
　—定義　59
Web3.0　142-143

【あ行】
意欲　22, 51, 104, 122, 124
ウィキ　58-59, 62-65, 111-113, 116, 123, 127, 137-138
　—教職員の能力向上　63-65
　—生徒たちの参加　63-65, 123, 137-139
ウェブサイト
　—学習用—内容（コンテンツ）　122-140
　—学習用—設計　103-120
　—教科の内容（コンテンツ）　123-125
　—実務研修　103-104, 117, 119-120
　—ストーリーボード　107-108
　—仲介　21
　—トゥール　110-116
　—読解　85
ウェブサイトのコンテンツ（内容）　9, 28, 32, 46-47, 59, 122-123, 134-135, 140
ウェブサイトの設計　54, 103-107, 109-110, 119-120, 122
ウェブサイトの評価　8, 45-49, 52-53, 55-56, 76, 79-80, 94-97
　—技術的な　49, 52-53, 56
　—教育的な　49-52, 56
　—実務研修　45, 55-56
　—信頼性の　49, 51-53, 56
ウェブ情報
　—アクセス　22
　—検索ガイド　38
　—将来の進展　142-144
　—セマンティック　142-143
ウェブ情報の活用（使い方）
　—教員と司書教諭の　20-22, 25-26
　—生徒の　7-8, 11-12, 14-15, 22-23, 58, 88, 98-101
ヴォイススレッド　69-70

【か行】
学習　10-11, 13-15, 83-84
　—オンライン　123, 133
　—環境　24, 74, 82, 140, 144, 147
　—効果的な　12-13, 15
　—構成主義の理論　14-15, 140
　—事前の　14-15
　—スタイル　11, 100-101
　—成果　17, 19, 63
　—定義　13
　—モバイル　144, 146
　—理論　15
教育課程　16, 19, 41, 76-77, 80, 89, 147
　—の進展　16
学習用ウェブサイト　9, 62, 103-120, 122-140
　—ウェブサイトの設計　105-111
　—教科の内容（コンテンツ）　123, 130

―内容（コンテンツ）　122-140
　―情報リテラシー　130-134
　―生徒たちの参加　59, 62, 69, 122, 124, 137-141
　―設計　103-120
　―定義　104-105
学習用教材　104
画像
　―学習者　51
　―検索エンジン　36
学校
　―の目的　11-12, 21, 147
基準
　―ウェブサイトの評価　8, 45-49, 52-53, 55-56, 76, 79-80, 94-97
　―技術的な　49, 52-53, 56
　―教育的な　49-52, 56
　―信頼性の　49, 51-53, 56
教育
　―の目的　10-11, 39
教育活動　10, 15-23
　―ウェブ情報の利用　20-22, 25-26
　―教育の質的向上計画　78
教員
　―ウェブ情報の活用　20-22, 25-26
　―ウェブ情報の評価　45-49, 52-53, 55-56
　―学習用ウェブサイトの設計　103-107, 109-110, 119-120, 122
　―効果的な検索　38-40, 42-44, 55
　―司書教諭との協働　9-10, 22-23, 59, 67, 71-73, 76-78, 83-84, 86, 129, 145-146
　―授業計画　17-20
　―将来の役割　141, 145
協働　9-10, 16, 22-23, 59, 62-63, 65-67, 71-73, 76-78, 83-84, 86, 90, 111, 120, 127, 129, 143, 146
キーワード　26, 98, 128-130
グーグル　26-28, 31-35, 39-41, 43, 80, 83-85, 89

　―アース　31-32
　―画像　31-33
　―言語　28-29, 43
　―検索オプション　27-28, 31-34, 39-40, 43, 98
　―サイトまたはドメイン　28-30
　―実務研修　42-43, 85
　―スカラー　33-34, 41
　―地図　32
　―ファイル形式　28-29, 31, 43
　―ブックス　33-34
　―マップ　31-32
計画　89-92
言語レベル　49, 51
検索
　―効果的な　38-40, 42-44, 55, 88, 92-95, 103
　―時間の節約　40-41, 128
検索エンジン　25-27, 32, 34-44, 85, 89, 92, 94, 143
　―画像検索エンジン　36
　―将来　143
　―定義　26
　―メタ検索エンジン　34-35
検索オプション　27-28, 31-34, 39-40, 43, 98
検索の手順　22, 74-76, 83, 88-89, 92
効果的な検索　38-40, 42-44, 55, 88, 92-95, 103
構成主義　13-15, 49, 140, 141
行動主義　13-14
コンセプト・マッピング（マップ）　17, 23, 36, 42, 56, 74, 83-85, 92-93, 95, 98, 100, 128-129, 131, 133

【さ行】
司書教諭
　―ウェブ情報の活用　20-22, 25-26
　―ウェブ情報の評価　45-49, 52-53, 55-56
　―学習用ウェブサイトの設計　103-107, 109-110, 119-120, 122
　―教育　16-20

―教員へのアドバイス　47, 144
　　―教員との協働　9-10, 22-23, 59, 67, 71-73, 76-78, 83-84, 86, 129, 145-146
　　―効果的な検索　38-40, 42-44, 55
　　―将来の役割　141, 145
　　―ソーシャル・ブックマーク　67
事前の知識　130
実務研修　7, 25-26, 42-45, 55-56, 58, 71-73, 84-86, 101, 103-104, 117, 119-120
　　―ウェブサイトの設計　103-104, 117, 119-120
　　―ウェブサイトの評価　45, 55-56
　　―効果的な検索　42-44
　　―情報活用能力（リテラシー）　72-73, 84-86
質問の明確化　83, 92
写真共有サイト　68-69
授業計画　17-20
情報活用能力　7-12, 14-15, 19-21, 23, 44, 59-60, 71-86, 89, 92, 97-101, 103-104, 117, 122, 130, 132, 136-137, 141, 146-147
　　―Web2.0　59
　　―協働と　23
　　―転用　73-74, 80, 82-83
　　―の実践　12, 75
　　―の実務研修　84-86
　　―の定義　73-74
　　―のモデル　8, 14, 72-74, 82, 89, 92, 98-101, 130
情報通信技術　10-11, 44, 119-120
情報を読む（情報の読解）　88-89, 97-98
情報リテラシー　7, 19, 108
将来
　　―学習活動の～の技術　141, 144
　　―の役割　141, 145
ストーリー・ボード　107-108, 119
生徒
　　―ウェブ情報の活用（使い方）　7-8, 11-12, 14-15, 22-23, 58, 88, 98-101

　　―ウェブ情報の活用についての考察　98-99
　　―ウェブの学習者　89
　　―個人的な学習モデル　89, 99-101
設計（ウェブサイトの）　54, 103-107, 109-110, 119-120, 122
専門用語　23, 80, 84
ソーシャル・ネットワーク　12, 70
ソーシャル・ブックマーク　59, 65-67

【た・な行】
仲介（情報源の仲介）　21, 59, 67, 127, 137, 140
注釈　106, 127, 134-137
著作権　32, 69, 110
ディレクトリ　25, 36-38, 41, 44
デジタル教材　11
転用　73-74, 80, 82-83
読解力のレベル　29
21世紀の技能（スキルズ）　141-142

【は行】
パスファインダー　9, 30, 122-123, 125-132, 134, 137, 140
批判的思考　46
評価
　　―ウェブサイトの　8, 45-49, 52-53, 55-56, 76, 79-80, 94-97
ブレインストーミング　17, 91, 93, 97, 128-129, 138-139, 143
プレゼンテーションソフト　29, 36, 84, 116-118, 123
ブログ　58-62, 114. 123
ポッドキャスト　67-68

●訳者紹介

須永　和之　すなが　かずゆき

1961年，東京に生まれる。1985年，國學院大學文学部卒業，1989年，図書館情報大学大学院修士課程図書館情報学研究科修了，筑波大学附属図書館，1993年，図書館情報大学図書館勤務，1995年，沖縄国際大学専任講師を経て，現在，國學院大學文学部教授。

著作：『新学校図書館通論』（共著　学芸図書　1999），『子どもが生きる学校図書館』（共著　ぎょうせい　1999），『図書館サービス論』（共著　樹村房　1999）

訳書：ジェームス・E. ヘリング著『学校における情報活用教育』（日本図書館協会　2002）

学校と図書館でまなぶインターネット活用法
ウェブ情報の使い方と情報リテラシーの向上　教員と司書教諭のためのガイド

2016年1月20日　初版第1刷発行

定　価　本体2,200円（税別）
著　者　ジェームス・E. ヘリング
訳　者　須永和之
発　行　公益社団法人　日本図書館協会
　　　　〒104-0033　東京都中央区新川1-11-14
　　　　Tel 03-3523-0811　Fax 03-3523-0841
印　刷　藤原印刷㈱

JLA201523　　　　　　　　　　　　　　　　　　　Printed in Japan
本文の用紙は中性紙を使用しています。
ISBN978-4-8204-1514-5